BARBARA NORDMEYER

Profile des Jahrhunderts

DURCHBLICKE

URACHHAUS

ISBN 3 87838 101 8

4. Auflage, 19.–21. Tausend, 1988.

Satz und Druck der Offizin Chr. Scheufele, Stuttgart.

INHALT

Menschheitsbewußtsein
7

Das Erbrausen des Erdgeistes
Alexander Block
12

Genie der Menschlichkeit
Janusz Korczak
22

Der freie Mensch in der Apokalypse der Gegenwart
Alexander Solschenizyn
35

Wetterleuchten der Wiederverkörperungsidee
Andrej Sinjawskij
49

Ohnmacht als Schwelle zum Übersinnlichen
Eugène Ionesco
63

Die Frage nach dem Sinn des Lebens
Thornton Wilder
83

Das Gewahrwerden des geringsten Bruders
Jerome D. Salinger
95

„...Wie der Blitz aufflammt im Osten und scheint
bis nach Westen..."
108

MENSCHHEITSBEWUSSTSEIN

Menschenaugen blickten im 20. Jahrhundert aus dem Weltraum auf die Erde, den „blauen Edelstein auf schwarzem Samt“, die Oase des Lebens im Kosmos.

Im Bereich der physischen Sinnhaftigkeit etwas noch nie Dagewesenes. Und doch verdunkelt die Faszination über diesen Aufbruch das Wissen von den Möglichkeiten geistig-seelischer Erhebungen, dem Menschen eingeboren von jeher. Das unerhört Neue ist gleichwohl nur anfängliche Einholung eines inneren menschlichen Vermögens auf äußerem Feld.

Was der Seher Johannes erblickte: „Es wurden dem Weibe (und das ist doch unsere Seele!) zwei Flügel gegeben gleich eines Adlers“, ist nichts anderes als ein Wahrbild unserer eigenen Befähigung. – Paulus vermochte sie auch zu handhaben, die Flugkraft des Geistes, die ihn bis in die Sphären der Himmel trug.

Die Kette der Menschen reißt nicht ab von Jahrhundert zu Jahrhundert (ob es nun jeweils ein oder zwei Menschen sind oder sogar zwölf, tut nichts zur Sache), die sich der Schwingen ihres Geistes bewußt sind und sie weit spannen, um die Seinsbereiche des Erdensternes abzutasten.

Wie ein Gruß von diesem zu den Himmeln erhobenen Bewußtsein kommt uns aus dem 19. Jahrhundert ein Gedicht von Goethe zu, das er benannt hat: „Schwebender Genius über der Erdkugel, mit der einen Hand nach unten, mit der anderen nach oben deutend".

Zwischen oben, zwischen unten
Schweb ich hin zu muntrer Schau,
Ich ergötze mich am Bunten,
Ich erquicke mich im Blau.
...
Wenn am Tag Zenit und Ferne
Blau ins Ungemeßne fließt,
Nachts die Überwucht der Sterne
Himmlische Gewölbe schließt,
So am Grünen, so am Bunten
Kräftigt sich ein reiner Sinn,
Und das Oben wie das Unten
Bringt dem edlen Geist Gewinn.

Goethe hatte die innere Beweglichkeit, sich nicht den irdischen Zuständen zu verhaften, ein schwebendes Gleichgewicht zwischen Oben und Unten, Orient und Okzident, zu halten; das Bewußtsein zu weiten

Die Ebstorfer Weltkarte

Das Werk eines niedersächsischen Mönches aus der Mitte des 13. Jahrhunderts. Der Versuch, den Erdkreis im Ganzen darzustellen, wie er sich vor seinem inneren Auge abbildet, vom Band des Weltmeeres umsäumt, gehalten von Christus, dem Herrn der Erde, dessen ausgespannte Gestalt das Erdenrund umgreift.
Man erkennt oben das Haupt, unten die Füße, rechts und links je eine Hand des weltumfassenden Christus.
Eine Weltkarte, die zugleich eine Weltchronik ist, in der sich die Bereiche des irdisch Sichtbaren (900 Städte! Rom, Mittelmeer z. B.) mit den Bereichen des Mythischen, der Übergeschichte (Paradies, Sündenfall, Turm zu Babel) durchdringen. Die Mitte dieses Erdkreises ist der Goldkristall: Jerusalem mit dem aus dem Grabe erstehenden Christus.
Wie alle mittelalterlichen Karten ist auch diese nach Osten ausgerichtet, so daß Asien fast die ganze obere Hälfte, Europa die untere linke Seite und Afrika den rechten Kreisabschnitt einnehmen.
Nicht eine realistische Abbildung der Erde wird gezeigt. Vielmehr ein geistiges Sinn-Bild, in dem die irdische Gestaltung aus den himmlischen Geschehnissen erwächst.
Die 13 qm große, auf Pergament aus Ziegenleder gemalte „mappa mundi" wurde 1830 im Kloster Ebstorf bei Lüneburg entdeckt. Das Original verbrannte 1943 in Hannover im Staatsarchiv. Der Kunstmaler Rudolf Wieneke hat sie nach alten Lichtdrucken und Fotografien nachgebildet. Heute hat sie in der Sorbonne in Paris einen Ehrenplatz. Die hier wiedergegebene Aufnahme zeigt das Original vor seiner Vernichtung.

bis zu den Sternen. Wie könnte er sonst eine Gestalt wie die der Makarie schildern, deren Geist in erhabener Klarheit und Ruhe die Bahnen der Planeten umschreibt! Diese Frau („Wilhelm Meisters Wanderjahre“), deren Entelechie sich von Zeit zu Zeit zu erheben vermag bis zur Sphäre des Jupiter und darüber hinaus, bringt von diesen mächtigen Ein-Sichten eine tiefe Weisheit mit, die sie zur ordnenden Schicksalsberaterin für einen weiten Umkreis werden läßt.

In unserem Jahrhundert ist es Rudolf Steiner, der die kopernikanische Erdvorstellung ergänzt durch Gedanken über den geistigen Werdeprozeß unseres Planeten und Imaginationen von der Erde erstehen läßt als eines ins Weltall hineinleuchtenden Lebewesens: bläulich-violett glimmend im Osten, rötlich-gelblich sprühend im Westen (Vortrag vom 1. IV. 1918*).

Vergessen wir es nicht: unser Geist hat Flügel, die uns emportragen wollen in die Bereiche der Himmel! Gewiß, sie sind eingesargt in den Leib. Wir alle sind Gefangene — der Verhältnisse, unserer begrenzten Vorstellungen. Aber man kann das Fliegen erüben.

Nachts, wenn du an den Gittern deines Gefängnisses rüttelst und das Dunkel auf dir lastet mit dem Gewicht schwerblütiger Rätsel — dann strecke sie aus, die Fühler deiner Seele, schicke sie auf Wanderschaft über die Erde hin nach Ost und West, nach

* Rudolf Steiner, Gesamtausgabe, Dornach, Schweiz.

Nord und Süd; schau von den Sternen auf den Erdball herab, wie er geistig leuchtet im Weltall!

In Irland findet man an einer Landstraße, abseits im Feld, ein seltsames Wegzeichen. Die steinernen Arme sind nach Osten und Westen gestreckt. Schaut man genauer hin, so wird man zwei Gesichter gewahr, uralt, ein schlafendes im Osten, ein wachendes im Westen. – Die Himmelsrichtungen unseres Planeten tragen ein Antlitz: Wesen blicken uns an aus dem Orient und aus dem Okzident.

Laß dich leiten von diesem Wegzeichen. Gehe in Gedanken nach Osten, immer weiter über die Flüsse, die Wälder, die Berge, bis du die Weiten Rußlands erreichst. Suche die Menschen auf, die dort hinter Mauern sitzen, die härter sind als die deinen. Sie schlagen dennoch das Feuer der Freiheit aus dem Stein. Durchdringe dich mit diesem Feuer – und deine Kerkerwände verschwinden.

Wende dich im Geiste nach Westen, über das Meer, weiter, immer weiter. Anders ziehen die Sternbilder herauf. Du triffst dort Gedanken, die wie in einem Brennglas den Geist einfangen, den ordnenden, weisen Weltengeist. Da lebt einer, der auch darauf lauscht, welchen Klang unsere Erde im Weltall hat. Lerne von einem Neger in Florida, wie er in seinem Geiste die Weltenschöpfung bewegt – ihren Ursprung und ihr Ziel! (James Weldon Johnson: Die Schöpfung)

Je mehr du dich als ein Glied der Menschheit fühlst, jenseits aller Politik, ihre Leiden als deine Leiden erlebst, ihre „Erreichnisse“ auch dich beschenken, desto leichter wird dir dein Leben.

Und all das Gemeine, Verworfene, Bös-Gefährliche, das doch auch über der Erde brütet, darf man es übersehen? Gewiß nicht. Aber wenn du dein Bewußtsein erweiterst zum Menschheitsbewußtsein, dann wird es dir deutlich: Das ist der Dung, aus dem das Heilige erwächst.

Verzagst du an dir selbst, enttäuscht dich deine Umgebung, benimmt dir die Betonluft des 20. Jahrhunderts den Atem, so erhebe dich höher, schaue weiter! Doch, es gibt weise Menschen, es gibt mutige! Und es gibt sogar Güte! Ihr Dasein rechtfertigt die Welt.

Was der Mensch ist, weiß erst, wer die ganze Menschheit ins Auge faßt. Und wer den Ton erlauschen will, den der Erdenstern im Chor der Sphärenharmonien des Kosmos erklingen läßt, muß ihn empfangen aus dem Geist-Seelenraum der ganzen Menschheit.

„Komm, erhebe dich zum Lichte,
tritt aus dem beengten Zelt!
Blicke groß in die Geschichte,
lebe mit Natur und Welt!“

(Hamerling)

DAS ERBRAUSEN DES ERDGEISTES

Alexander Block

Menschen werden oft zu Gefangenen ihrer Vorstellungen. Das gilt auch für solche, die sich in geistigen oder religiösen Verbänden zusammenschließen. Unversehens werden Wunschbilder oder übernommene, nicht selbständig gedachte Gedanken zu Klischees, aus denen sich die Wirklichkeit zurückzieht.

Voreingenommenheit und Hochmut möchten die Menschen, die einer Christusbegegnung erwürdigt werden, auf den Kreis einer bestimmten Konfession beschränken; zumindest aber doch auf die, welche sich Christen nennen. Eine solche Anschauung sieht sich allerdings schockiert durch die Beobachtung, daß sich die Erscheinungsformen dieses Wesens nicht begrenzen lassen durch die Mauern der Konfessionen, der Völker und der Rassen. „Siehe, er kommt in den Wolken." Es ist mehr als ein Symbol, wenn als Medium dessen, was die Bibel die Wiederkunft nennt, die Lufthülle angesehen wird, der Lebensumkreis des Erdplaneten.

Und – sehr eigenartig – gerade in diesem Jahrhundert erwacht in der jungen Generation die Sehnsucht nach Bewußtseinserweiterung: die Entwicklung des Selbstbewußtseins zum Menschheitsbewußtsein. Als nicht weiter zu begründende Selbstverständlichkeit lebt es in den Seelen, daß sich eine gegenwärtige Berührung mit dem Christus (eine andere interessiert nicht!) im Seelen-Geistraum der ganzen Menschheit vollzieht, nicht mehr eingeschlossen in die irdische Stofflichkeit eines einzelnen Menschen.

„Wie wenn der Blitz hinfährt vom Osten bis zum Westen, so wird die Ankunft sein des Menschensohnes“ (Matth. 24). Am Menschheitshorizont werden in Gewittern die Schichten neuer Erlebnismöglichkeiten aufgerissen, und das ist nicht mehr festlegbar auf ein Hier oder Dort.

Müssen wir uns wundern, wenn dieses Geschehen die Welt zum Erzittern bringt?

Am Anfang dieses Jahrhunderts lebt in Rußland ein Mensch, dessen Seelengehör auf das empfindlichste dieses Erzittern registriert. Alexander Block war in den ersten beiden Jahrzehnten nicht nur ein berühmter Dichter, in ihm wurde etwas zur Stimme, was man als den Einbruch einer elementaren Seelengewalt erlebte. Hier dichtete einer nicht über das Leben — das Leben selber sprach. Seine Verse rissen mit, konnten verzaubern in ihrer Glut und Zartheit. So wurde er mit seinem Freund Andrej Bjely der Begründer einer ganz neuen Richtung in der russischen Dichtkunst, des „Symbolismus".

Unschwer erkennt man in ihm den Nachfahren Wladimir Solowjows. Die Gedanken verdichten sich ihm sofort zu Bildern. Und das Gegenüber der realen Gegenständlichkeit erweitert sich unversehens zum Fenster in einen anderen Wirklichkeitsbereich. Mit zartesten Pinselstrichen wird das Sinnesbild gemalt; aber in die Zwischenräume bricht die Dunkelglut mythischer Kräfte herein.

Im Jahre 1910 schildert A. Block eine persönliche Begegnung, die er zwölf Jahre zuvor mit Wladimir Solowjow gehabt hat. Er gab einem Verstorbenen das Geleit. Vor ihm geht ein hagerer, hochgewachsener Mann; lange, stahlgraue Haarsträhnen lagen auf dem Kragen des Mantels. „Die Gestalt wirkte als Silhouette, so wenig hatte sie gemein mit dem, was sie umgab." Einen Moment ruht der Blick Wladimir Solowjows auf Alexander Block. „In ihm stand eine bodenlose Bläue: die vollständige Weltentfremdung und die Bereitschaft, den letzten Schritt zu tun." Vor diesem einsamen Wanderer erlischt das glänzende Petersburg zur Gespensterstadt.

Wie ist eine solche Entelechie zu erfassen? Wo ist der wirkliche Solowjow? Nicht der berühmte Philosoph, nicht der Dichter, schon gar nicht der Kritiker — die alle mag man an seiner Gruft preisen, sie bedecken mit dem „Jubiläums-Leichentuch". Aber diese

Gruft bewohnt er nicht mehr. Ihn, ihn selbst will Block schauen und erfährt, daß er in die Regionen des Unsichtbaren greifen muß, jenseits von Raum und Zeit. Nun zeigt sich der Visionär! Alexander Block sieht hinter dem klugen Philosophen, hinter dem faszinierenden Mann, der fesselte und fernhielt zugleich, weit hinter ihnen den Ritter, der ein goldenes Schwert über seinen Feinden schwingt. Und dann ist da noch ein anderes, gedankenerstrahlendes Antlitz über einer schwarzen Soutane. Bilder tauchen auf wie hoch in den Lüften wehende Fahnen, Bilder vom Ritter und Mönch über dem schemenhaft werdenden Zeitgenossen Solowjow. Der Visionär Alexander Block erkennt, daß der durch seine Zeit hindurchgehende Solowjow nur zu erfassen ist von dessen eigenem übersinnlichen Erfahrungsbereich her, der ihm ein dreimaliges Begegnen mit der göttlichen Wesenheit der Sophia zuteil werden ließ. — Kreiste nicht A. Block selbst ein Leben lang um das Mysterium der „Ewigen Frau", der „schönen Dame", der „Unfaßbaren", die er einmal erschaut hatte, umstrahlt von Azur und Gold?

„Noch ein Sklave der eitlen Welt
Erblickte ich unter der Rinde der Dinge
So den unverweslichen Purpur
Und spürte das Strahlen der Gottheit."

(Solowjow)

In diesen Zeilen erblickt Block die runenhafte Inschrift über der Imagination des Ritter-Mönches.

„Heute leben viele in Mattigkeit und Verzweiflung. Doch das neue Zeitalter steht schon vor der Tür. Morgen werden wir uns des goldenen Lichtes entsinnen, das an der Grenze zweier so ungleicher Jahrhunderte aufblitzte, das 19. lehrte uns, die Namen der Heiligen zu vergessen — das 20. wird ihnen vielleicht ins Angesicht schauen“ (A. Block, Ausgewählte Aufsätze).

Mit dem Ausbruch des ersten Weltkrieges verstummt sein Wort. Die Revolution 1917 fand Alexander Block in den Reihen der Bolschewiki. Dann wird seine Seele 1918 aus dem Erlebniskreis des Persönlichen hineingerissen in den Wirbel überpersönlicher Kräfte.

Er spürt „das Erbeben unterm Eiseshauche“. In Tagebüchern und Briefen schildert er, wie er in den Januartagen des Jahres 1918 in einen geistigen Ausnahmezustand versetzt wurde, von einem unaufhörlichen sich verstärkenden Brausen umgeben. „Wahrscheinlich ein Brausen vom Untergang der alten Welt . . . Für mich selbst benannte ich das mit dem Worte: Erdgeist“ (Gesammelte Werke, Bd. VIII, Bd. III*).

War es dies, daß er in dem revolutionären Zyklon gleichzeitig den geistigen Sturm erhorchte, der das Meer des menschlichen Lebens zum Erbrausen

* Staatsverlag für künstlerische Literatur, Moskau/Leningrad.

Alexander Block
Februar 1921

Alexander Block

1907

brachte? „Die Meere der Natur, des Lebens, in der Kunst brausten auf, und die Spritzer verdichteten sich zu einem Regenbogen über uns. Ich schaute auf diesen Regenbogen, als ich die Dichtung ‚Die Zwölf' schrieb" (G. W. Bd. III).

Eine Dichtung im gewöhnlichen Sinn des Wortes wird man dieses fast in alle Sprachen übersetzte Poem kaum nennen können. Es ist schwer zu sagen, worauf sich eigentlich der mit Windeseile sich verbreitende Ruhm gründet. Weil hier einer etwas eingefangen hat vom Wort des Erdgeistes? Das die ganze Menschheit angeht?

Längst, bevor der erste Vers anfängt

„Schwarzer Abend,
Weißer Schnee,
Winde wehen, Winde wehen!
Kaum vermag noch ein Mensch grad zu stehen.
Winde wehen, Winde wehen
Durch die ganze Gotteswelt!"

hat dieses Gedicht begonnen, und sein Ende verliert sich weiter im Unhörbaren. Wie aufgefangene Bruchstücke einer gewaltigen Stimme, die „da ist wie das Rauschen großer Wasserströme" (Apokalypse 1), mutet dieses Wortgestammel an, vom Sturm hereingeweht in das in seinen Fugen erzitternde Erdenhaus. Gleich Fetzen fliegen die Brocken der aufgebrochenen Alltagskruste herum.

Die da gehen und gehen im nächtlichen Sturmestosen, die Zwölf, kann nichts aufhalten im Schritt: nicht der Bourgeois am Kreuzweg, nicht der Literat und nicht der Pope. „Schneller, schneller ausgeschritten!"

(Wie hieß es doch bei Friedrich Schiller: en marche! eines der herrlichsten Worte der Welt!)

Im Weitergehen wird eine Un-Treue gerächt, bleibt am Wege liegen –

„und Feuer, Feuer
ringsumher"

Dazwischen fährt ein Windstoß:

„die Freiheit, die Freiheit –
ohne Kreuz, ach ja!"

Die Feuersbrunst der Welt lodert in seinem Blut – und doch ist in ihm etwas, das sieht, wie einige da sind, die die Fahne – ja, welche eigentlich? – durch alles Chaos und Kampfgetöse vorwärtstragen. –

Ein Tropfen Politik sei wohl auch hereingekommen, sagt A. Block, aber wer das Gedicht im Ganzen politisch auffasse, müsse sehr blind gegenüber der Kunst sein. Das nur kurze Zeit später entworfene Gedicht „Die Skythen" offenbart deutlich, wie A. Block auch die großen Geschichtsbewegungen der Menschheit „Asien – Europa!" in sich trägt. Das

Werk „Die Zwölf“ jedoch ist inspiriert von einem Genius, der, wenigstens augenblicksweise, durch die historischen Ereignisse (Revolution), durch die Naturbilder hindurchsehen konnte in die Sphäre der übersinnlichen Kräfte.

„Schreiten fest, mit Herrscherschritten
In die Ferne ... Platz gemacht!
Rote Fahnen, windumstritten,
Schreien zuckend in die Nacht ...
Um den Schneehauf huschen Schatten ...
— Halt! Wer da? Der Platz ist leer.“

Wessen wird er ansichtig, während die Gewehre knattern, in den weißen Schleiern der aufgewirbelten Schneesäulen?

„Schreiten so in hehrem Wahne,
Hungrig folgt der Hund von fern,
Und voran — mit blutiger Fahne
Kugelfest, verratgefeit,
Schneeverhüllt und perlumschneit,
Sanften Schritts durch Sturmestosen
Geht im Kranz aus weißen Rosen,
Lichtumhaucht gleich einem Stern —
Jesus Christ, der Sohn des Herrn.“

Dieser Schluß ist in einem Maße unerwartet, daß

man keine Worte dafür hat. Natürlich wirkte er auf die Umwelt ärgerlich und provozierend.

Auf mancherlei Angriffe hin schrieb A. Block im Juni 1919: „Mir gefällt der Schluß auch nicht ... ich hätte es gern gehabt, wenn er anders ausgefallen wäre. Als ich die Dichtung beendet hatte, war ich selbst erstaunt: Warum Christus? Doch je mehr ich hinschaute, desto klarer sah ich Christus. Und nochmals notierte ich mir: ‚Christus, leider'" (G. W. Bd. III).

Nichts vermöchte die Lauterkeit und Wahrheitstreue den eigenen Erlebnissen gegenüber besser zu charakterisieren als diese Worte. Da wird nichts nach dem eigenen Wunschbild umgeformt oder in ein vorgeschriebenes Dogma eingepreßt. So war es — und so muß man es annehmen.

Das Ärgernis ist für uns gewiß nicht gering. Christus mit den Rotgardisten! Nicht im Sinne einer politischen Einengung. Dennoch sollte dieses rätselhafte Faktum unsere festgefrorenen Vorstellungen aufbrechen, sie dem Ungewohnten zugänglich machen; das Gehör öffnen für das Erbrausen des Erdgeistes. Vielleicht werden wir dann mit Beschämung gewahr, daß unser Gottesbild immer noch viel zu klein und bürgerlich ist.

Alexander Block ist im Sommer 1921 gestorben, hinweggerafft von den Entbehrungen der Nachkriegszeit. Aber die Entelechie setzt doch wohl selber den Schlußpunkt, wenn gesagt ist, was gesagt werden mußte; oder sie zieht sich zurück, wenn keine Lebensmöglichkeit mehr für sie vorhanden ist. — „... weine nicht an meinem kurzfristigen Grabe. Bald komme ich wieder, ein Seliger, und erneuere meine alte Liebe durch eine leuchtendere und unvergänglichere."

Boris Pasternak schildert den Tumult, der bei einer Dichterlesung in Moskau wenige Monate vor Blocks Tod entstand. Man überschüttete den einst Gefeierten mit Vorwürfen, „seine Zeit sei vorbei, er sei innerlich bereits tot. Gelassen gab Block das alles zu" („Über mich selbst" B. Pasternak).

Und kurze Zeit darauf sprach er es in Petersburg selber aus: „Wenn der Dichter keine Luft zum Atmen hat, stirbt er". Am 21. August desselben Jahres war es dann soweit.

„Wer Gott sieht, stirbt", heißt es im Alten Testament. Aber die Tragödie im Äußeren wird dennoch von einer geheimen Einwilligung her in eine andere Ebene erhöht und verwandelt.

„Sterb ich auch einst wie ein Hund hinterm Zaun,
Und stampft mich zu Boden das Leben —
So glaub ich: Gott selbst hieß den Schneesturm mich schaun,
Sein Wirbel küßt tot mich soeben."

(„Die Dichter")

GENIE DER MENSCHENLIEBE

Janusz Korczak

„Das schwarze Wetter hält an.
Die schwarzen Sterne nehmen zu.
Wo sind die Engel?"
(Hans Arp)

Der Glaube an die Liebe und Weisheit Gottes ist heute bei vielen Christen – eingeschüchtert durch das dreiste Auftreten des Atheismus als Lebensform – zur bangen Hoffnung zusammengeschrumpft, zur sehnsüchtigen Frage verflüchtigt. Wo spricht Gott? Ist es wahr, daß wir uns damit begnügen müssen: das Schweigen ist sein Wort?

„Unter Menschen muß man Gott suchen", sagte Novalis, und dort ist er auch zu finden. In den schwarzen Wettern vertieft sich das Leuchten der Menschensterne.

Am 5. August des Jahres 1942 zieht durch die Straßen Warschaus ein Zug von Kindern (64 oder 200, die Angaben gehen auseinander), angeführt durch einen Mann von hohem, schlankem Wuchs, ein schmales Gesicht mit rotblondem Bart. Auf dem linken Arm trägt er das kleinste Kind, an der rechten Hand führt er ein anderes. Ganz ruhig geht er. Ab und zu ermuntert ein Lächeln die Schar der Kleinen, die in Fünferreihen geordnet hinter ihm gehen. Sie sind festlich gekleidet, und der älteste Knabe trägt die grüne Fahne des Waisenhauses, bestickt mit dem Stern und einer Blume. So wandern sie dahin — zu den Gaskammern von Treblinka, eine lichte Furt des Segens in die dunklen Wogen des Hasses ziehend. Vor der Verladung in Eisenbahnwaggons nimmt man den Doktor — Janusz Korczak — noch einmal zur Seite, ihm die Rettung anbietend, ihm allein. Er bleibt bei seinen Kindern. Ebenso, wie er schon vorher die Flucht aus dem Ghetto mit einem gefälschten Passierschein abgelehnt hatte — erstaunt, daß man ihm einen solch nichtswürdigen Vorschlag überhaupt unterbreitet! Jetzt ist er selbst der Lehrer (aus dem geliebten Buch „Frateco"), der mit seinen Kindern auf dem Schiff hinausfährt auf das brausende Meer und ihnen zuruft vor dem Untergang: Wir gehen zu Gott! —

Was war das für ein Mensch?

Wie merkwürdig — weder das genaue Geburtsdatum noch sein Todestag sind bekannt. Der Vater, obwohl Rechtsanwalt, hatte sich um den Geburtsschein nicht bekümmert, so daß man nicht weiß, ob er im Jahre 1878 oder 1879 zur Welt kam. Und über dem Tod liegt Dunkel. Janusz Korczak ist auch nicht sein eigener Name, sondern ein Pseudonym, das sich der junge Henrik Goldszmit wählte, als er begann zu schreiben. Es ist, als wolle sich die Entelechie hier auf Erden verhüllen.

Ein Junge von befremdlichem Charakter wächst in einem vornehmen Hause auf: Er hat keinen Ehrgeiz, ihm ist es gleichgültig, was er ißt, wie er sich kleidet, er spielt lieber mit kleinen Kindern als mit Altersgenossen und lieber mit Gassenkindern als im Salon! Mit fünf Jahren wird der Großmutter sein Plan anvertraut, die Welt zu verändern. „Ich hatte vor, alles Geld wegzuwerfen ..., dafür zu sorgen, daß es keine verwahrlosten, hungrigen Kinder mehr gibt, mit denen man im Hof nicht spielen darf." Durch den frühen Tod des Vaters bekommt er bald selber die Armut zu schmecken. Daß er jetzt verdienen muß, wie im nebenbei sein Medizinstudium absolviert in kürzester Zeit, ist nicht wesentlich; wesentlich ist das Gewahrwerden der menschlichen Umgebung: Das Elend der Armenviertel, Nächte in der Stube eines Droschkenkutschers, die Schlichtungsversuche bei mörderischen Schlägereien in der Kneipe; und wesentlich ist, wie sein Geist sich gleichzeitig einbrennt in die geistige Welt der Bücher. „Ich lese, lese, lese ... Die Welt entschwindet, es existieren nur noch Bücher."

Aber alles konzentriert sich schließlich in der Liebe

und Sorge für die Kinder. „Die Welt reformieren, heißt die Erziehung reformieren.“ Der junge Mann mit dem goldenen Bart, den hellen Augen, kurzweg „der Student“ genannt, wird zu einer legendären Gestalt in den Hinterhöfen und Kinderzimmern. Immer weiß er Märchen zu erzählen, mit farbigen Schattenbildern zu verzaubern, mit den komischsten Scherzen über Kümmernisse wegzulachen. Mit 21 Jahren schreibt er in sein Tagebuch: „Die interessante Welt war nicht mehr außer mir. Sie war jetzt in mir. Ich bin dazu da, um zu handeln und zu lieben, nicht um geliebt und bewundert zu werden. Es ist nicht die Pflicht der Umwelt, mir zu helfen, sondern es ist meine Pflicht, mich um die Welt und den Menschen zu kümmern.“ – Mit 35 Jahren wird diese Erkenntnis radikal in die Tat umgesetzt. Korczak gibt seine glänzende Arztpraxis auf und übernimmt ein Waisenhaus für jüdische Kinder.

Wieviel müßte man erzählen von dem wahrhaft genialen Pädagogen! Niemand vermochte einen tobsüchtigen kleinen Raufbold zu bändigen. Man bringt ihn zu Korczak: „Ja, ich weiß, du mußt hauen. Tue es also weiter, aber paß auf, tu es so, daß es deinen Kameraden nicht wehtut.“ Der Haudegen unterließ mit der Zeit das Schlagen völlig.

Ein Junge wird zur Aufnahme ins Waisenhaus von den Pflegeeltern vorgeführt. Während der Doktor ihn abhorcht, fragt er wie nebenbei: „Sag mal, du bist doch ein Schlingel, nicht wahr?“ Die entsetzten Pflegeeltern wehren erschrocken ab, — nein, nein, er gehorche aufs Wort. „Lassen Sie ihn ruhig einen Schlingel sein ... Kannst du von drei Stufen runterspringen? Kletterst du auch eine Leiter hoch?“ — Er ist der Vater des Hauses, der den Kindern die Haare und die Nägel schneidet, dabei witzige Geschichten erzählt, der des Nachts durch die Schlafsäle geht und sich in unendlicher Liebe über die Schläfer beugt.

Sehr originell ist die Einteilung der Kinder in Gruppen, über die sie selbst bestimmen. Da gibt es die Klasse des „schwierigen Ankömmlings“, des „gleichgültigen Bewohners“, des „lieben Gefährten“, des „Bürgers“, des „Königs und Kinderfreundes“. Alle Sorgen und Freuden werden mit den kleinen Hausbewohnern geteilt. Sie werden gelehrt, ein Tagebuch zu führen, es gibt eine Beschwerdetafel und viele Belohnungen. In eigenen Gerichtssitzungen des Heims wurde in den Kindern die Überzeugung geweckt, daß Wahrhaftigkeit, Gerechtigkeit und Mitgefühl die Welt regieren müssen. Das Prinzip, nach dem man Recht sprach, lautete: „Hat einer etwas Schlechtes getan, so ist es am besten, ihm zu verzeihen und zu warten, bis er sich bessert. Doch das Gericht muß die Stillen schützen, damit ihnen die Starken nicht zusetzen.“

Und selbstverständlich gab es eine Hauszeitung, denn Zeitungen für Kinder und Jugendliche, deren

Mitarbeiter sie selber sind, hielt Korczak für außerordentlich wichtig. Erreichte er es doch mit der Zeit, daß die größte Warschauer Tageszeitung als Wochenbeilage eine Kinderzeitung erhielt. Vom ersten Tage an strömte eine Flut von Briefen und Artikeln in die Redaktion, von Kindern geschrieben. Korczak verbesserte lediglich die orthographischen Fehler. Bereits im ersten Jahr hatte man einen Stab von 200 ständigen Korrespondenten. Die wöchentlichen Redaktionssitzungen mit dem Doktor waren ein Fest. Ihn interessierte alles, und selbst das Sorgenvollste der jungen Leute (schlechte Zeugnisse, Streit mit den Eltern) wurde durch seinen unverwüstlichen Humor aufgelichtet. Im Anschluß an die Sitzung gab es ein Symposion im Café mit Eis oder Bockwurst.

Ihm schwebte der Plan einer großen, mächtigen Zeitung für alle Kinder Polens vor. Aber wer finanziert das? Das Wunder geschieht, einige Direktoren der größten Pressekonzerne Polens sind gewillt, ihm eine Audienz zu gewähren. Kurz vorher erkundigt sich Korczak bei einer Journalistin, ob die Herren einen eleganten Anzug wünschen, er sei gerade dabei, die Kinder zu impfen. Ja? Nun dann solle ein Junge schnell seinen neuen Anzug in die Redaktion bringen, „auf einer Stange, damit die Herren sehen, daß ich einen habe". Als der kauzige Doktor sich zur Tür hineinschiebt, ist das Urteil bereits gefällt. Auf eine unverbindlich nichtssagende Frage lautet die Antwort:

„Ich ...“ Korczak war nicht einfältig; er hatte die Situation sofort überblickt, hatte schnell Vorteil und Nachteil abgewogen. „Ich möchte“, sagte er mit Engelsstimme, die ein trotziges, boshaftes Aufleuchten seiner sanften Augen begleitete, „ich wünsche dem Blatt, daß es vom Ministerium verboten wird, daß es den Fluch der Eltern und Lehrer auf sich herabbeschwöre, daß jeder Erwachsene es ablehnt, es seinen Kindern zu kaufen, und daß die Kinder es selbst kaufen für das Geld, das sie den Eltern mausen.“

Der erste Weltkrieg führt Korczak tief nach Rußland hinein. Die Revolution erlebt er in Kiew. Aber es ist seltsam, wir finden kaum eine Spur dieser dramatischen Ereignisse in seinen Schriften. Der Krieg, den er mit seinem ganzen Elend durchlitt, blieb dennoch an der Peripherie seines Bewußtseins. Was ihn innerlich ausfüllte, war ein Buch. Er schrieb wie besessen, an der Front, im Lazarett, jede kleinste Rast nutzend, sein pädagogisches Hauptwerk „Wie man ein Kind lieben soll“. Nicht genug kann man dieses Werk bewundern, das ein Erforscher der Kinderseele, aber vor allem ein Liebender geschrieben hat.

Wer Prinzipien und Anweisungen sucht, wird sie nicht finden in dem Buch, das mit den Worten beginnt: „Ich weiß nicht“. Die staunende Offenheit der Seele, für die jedes Kind ein neues Mysterium ist, bildet den Boden, aus dem dieses geniale Weisheitsbuch erwächst. Für Korczak ist jedes Kind ein „dicht beschriebenes Pergament“, das nur das Auge der Liebe entziffern kann. „Oh, ich küsse diese Kinder mit den Augen, mit den Gedanken, mit der Frage: Wer seid ihr, zauberhafte, geheimnisvolle Wesen, was bringt ihr uns? Ich küsse euch mit meinem ganzen Willensaufwand: Womit kann ich euch helfen? Ich küsse euch wie der Astronom den Stern, der war, ist und sein wird ...“ („Wie man ein Kind lieben soll“) Aus jeder Seite dieses Buches sprudelt einem förmlich die Überfülle der Beobachtungen, Erlebnisse und Erfahrungen entgegen, die Korczak als Kinderarzt, als Hausvater im Waisenhaus, als Lehrer und Kamerad in den Sommerkolonien gesammelt hat. Man blättert in den Bildern einer ebenso originellen wie weisheitsvollen Kunde der Kindesseele – und unversehens öffnet sich einem (ohne daß das je begrifflich formuliert würde) ein Blick in die Sternenwelten des Vorgeburtlichen, in denen jedes Menschen-Ich urständet. Die große Liebe zu den Kindern hat ihm diesen Bereich erschlossen, so daß er von dorther hellfühlend die Rätsel einer jeden Seele lösen konnte. –

Viel müßte man berichten von diesem einzigartigen Mann, dem sich die reiche Welt, an der er den wachsten Anteil nahm, immer im Prisma der Seele des werdenden Menschen spiegelte. Aber man hat den Eindruck, erst als der zweite Weltkrieg beginnt und Korczak den Bannkreis seines Schicksals betritt, fängt sein Wesen an zu brennen und wirft mit seinem Feuer Himmelskraft in die schwarzen Menschenfinsternisse.

Eigentlich hatte er nach Israel auswandern wollen, um in einem Kibbuz mitzuarbeiten. Mancherlei Enttäuschungen und Fehlschläge hatten zu diesem Entschluß geführt. Aber nun zieht die tödliche Gefahr am Horizont Polens herauf. Mit sicherem Prophetenblick sieht der Doktor voraus, was kommt – und bleibt bei seinen Kindern. „Ich fühle mich verantwortlich für jedes Unrecht, das geschieht." Zur Zeit der Kapitulation Warschaus, des völligen politischen Chaos, schreibt er an einen Schüler: „Hier ist alles im Anfang, und du bist nicht da". Seine Haltung ist furchtlos und überlegen. Ruhig und fest klang seine Stimme aus dem Radio: „Nur Schwache und Nichtswürdige brechen zusammen und verzweifeln. Unsere Regierung existiert nicht mehr ... Die Kinder sind unsere Zukunft... Ich verlange 100 Zloty für das Waisenhaus. Ich fordere es und bitte nicht darum. Ich werde in den nächsten Tagen das Geld abholen und werde keine Absage dulden." Das war die tägliche Sorge: Brot, Kohlen, Medikamente, Kartoffeln für das Waisenhaus. Korczak lief treppauf, treppab, bat, bettelte, forderte – und machte das Unmögliche immer wieder möglich. Die entwürdigenden Verordnungen gegen die Juden übersah er, solange es nur ging. Als die Juden Armbinden tragen mußten, tat er, als beträfe ihn das nicht. Auf der Straße deswegen angehalten, gab er zur Antwort: „Wissen Sie, es gibt menschliche und göttliche Gesetze. Die menschlichen sind vorübergehend, die göttlichen ewig. Ich gehorche im Leben nur den göttlichen, den ewigen. Das Gesetz, wonach die Juden die Armbinde tragen müssen, halte ich für menschlich, vorübergehend, und deshalb werde ich ihm nicht gehorchen." Einmal brachte ihn das allerdings auch für ein paar Monate ins Gefängnis.

Das Unglück ist nicht aufzuhalten. Das jüdische Waisenhaus muß ins Ghetto umsiedeln. Aber wie macht er das? Der Zug der Erniedrigung wird zu einem Festzug. Die Kinder marschieren singend los mit Lampen, Vogelkäfigen und Nachttöpfen! Es ist ein Spaß! – Die Mauer um das Ghetto wächst. Als es gerade noch möglich ist, schickt der Doktor einen kleinen Buben mit einem riesigen Fliederstrauß zu seinen Freunden auf die arische Seite. Auf einem Zettel stehen die Worte: „Wenn die Wälder brennen, muß man der Rosen gedenken".

Wenige Wochen vor dem Ende wird in dem Waisenhaus noch einmal Theater gespielt. Ein Stück von Rabindranath Tagore „Die Post", das Sterben eines Jungen schildernd, verklärt von Hoffnungsgesichten. Alle sind betroffen. Warum hat der Vater dieses ernste Stück gewählt? Damit seine Kinder lernen, den Todesengel gelassen zu empfangen.

Der Tod ist für Korczak kein Ende, sondern „ein Erwachen in dem Augenblick, da es scheinbar keinen Ausweg mehr gibt". Nach dem Tode seiner Eltern hatte er geschrieben: „Ich danke euch, daß ich in der schönen Stunde des Todes das Geheimnis des Lebens erkennen werde".

Es geht auf das Ende zu – auf die Erhöhung im Opfertod. Jetzt spricht er zu den Kindern wie zu Gleichaltrigen. „Wir haben gemeinsame Erlebnisse." Die täglichen Gebete werden verstärkt. Von Anfang an hatte die Pflege religiöser Gewohnheiten, das Abendgebet z. B., bei dem die Kinder hinknieten, eine Rolle in seinem Erziehungssystem gespielt. Darüber hat es sogar harte Auseinandersetzungen mit seinen Mitarbeitern gegeben. Jetzt aber braucht er ein stärkeres Wort. Er sucht nach einem Kultus für seine Kinder! „Gäbe mir jemand ein Meßbuch in die Hand, so würde ich zur Not eine Messe lesen, aber eine Predigt könnte ich den Schäfchen mit den jüdischen Armbinden nicht halten. Beim Amen würde mir die Zunge erstarren." Bei der letzten Abendmahlzeit zu Ostern sahen einige Gäste, wie der Vater, umgeben von den zwölf ältesten Jungen, an der Tafel stand und betete – zum Schluß mit hoch zum Himmel erhobenen Armen das Vater-Unser.

Zwei Monate vor seinem Tod beginnt er seine Autobiographie zu schreiben. Die Bruchstücke, die daraus bekanntgegeben werden, zeigen einen Men-

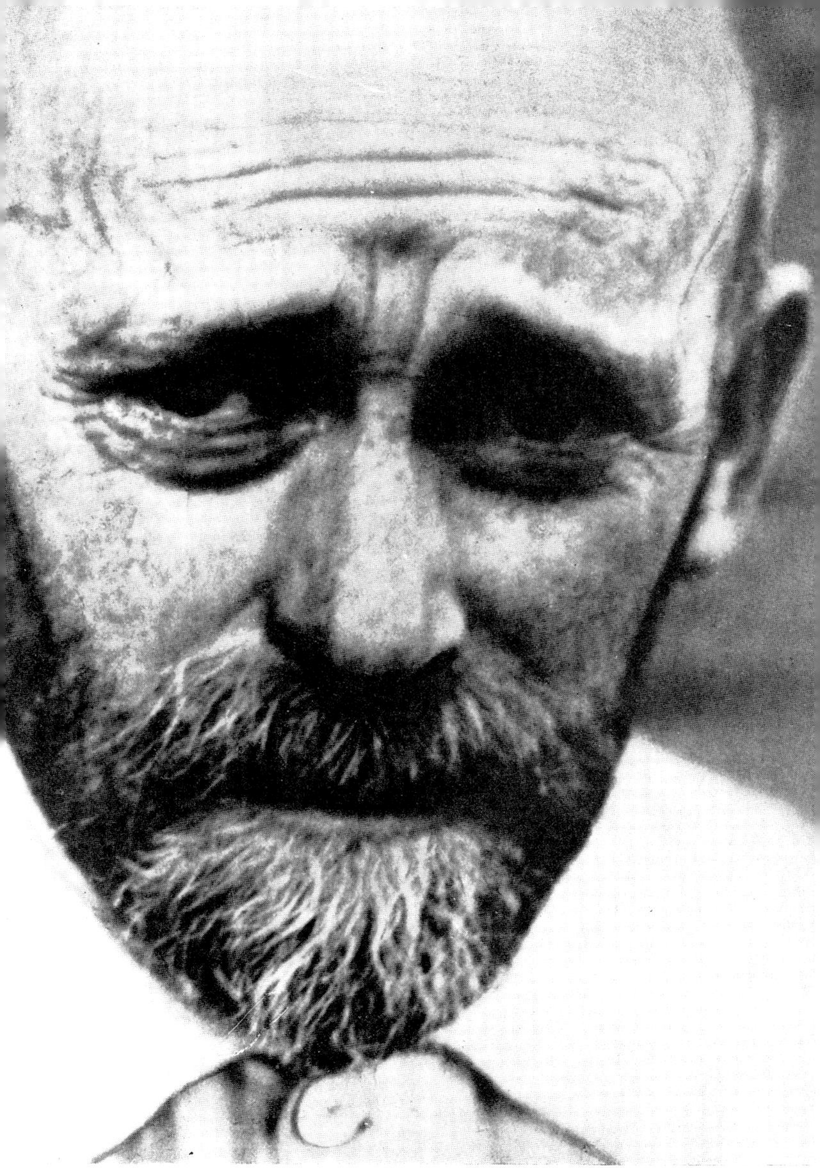

Janusz Korczak

Janusz Korczak

schen, der in wunderbarer Übereinstimmung mit sich selbst lebte. „Ich wünsche keinem Menschen etwas Böses. Ich kann das nicht. Ich weiß nicht, wie man das macht ...“ „Dank Dir, guter Gott, für die Wiesen und die Farben der Sonnenuntergänge ...“

Das Ringen um die Leidensfrucht! Im Feuer der Niederlage — so sieht er es — werden die Edelerze umgeschmolzen. Jeder Fall ist in Wahrheit eine Stufe zum Aufstieg. Rätselhafte Worte in seinem Tagebuch über das Eisen! „Die falsche Anwendung des Eisens gibt das Strafmaß, aber gleichzeitig bereitet das Eisen den Geist auf neue Errungenschaften vor, auf Einweihungen in Geheimnisse.“

Ganz deutlich mischt sich das Irrationale, „die seltsamen Dinge“, in sein Leben hinein. An den Wundpunkten des Schicksals, nach dem Tode der Mutter, im Gefängnis — „immer schwamm im letzten Augenblick ein Traum heran, den ich dann gedanklich durchdringen mußte“.

Was für ein geistiges Gesicht mag ihn an der letzten Schwelle hinweggehoben haben? — In einer Novelle schildert Korczak, wie Titus den Tempel verbrannte. „Ja, ja, ein richtiger Brand. Gottes Bücher brannten. Ja, ja. Und brannten doch nicht. Es brannte nur das Papier, und die Schriftzeichen flogen zum Himmel und leben weiter.“

Die angstvolle Bedrückung, die sich in uns ablagern will, angesichts der Brutalität, die den menschlichen

Lebensraum zunehmend schwärzt; die hoffnungslose Einsamkeit, die Innenwelt der Seele eintrübend, da sie vergeblich in sich auf das tröstende Gotteswort horcht — sie werden aufgehellt durch das Gewahrwerden solcher Menschen.

Jugendfreunde schildern, wie Janusz Korczak als Student sich nachts bei einer mörderischen Schlägerei plötzlich zwischen die Messer der Banditen wirft und mit einem Kuß die beiden Streitenden verblüfft und trennt. In diesem Augenblick habe er etwas von einem Heiligen an sich gehabt.

Und der Anblick des Vaters, der im August 1942 ruhig und liebevoll mit seinen Kindern dem Tod entgegengeht, rief ähnliche Empfindungen und Impressionen hervor bei vielen, die an diesem Tage die Straßen Warschaus säumten.

Ist Gott tot? Die Umwelt verbirgt uns sein Angesicht. Das eigene Innere bleibt nur zu oft stumm. Aber wenn ein Mensch im Miterleben menschlicher Not sich selbst völlig vergißt, dann entsteht in dieser Selbstvergessenheit ein leerer Raum, in den Der einziehen kann, der zwischen den Menschen wandeln und verwandeln will.

DER FREIE MENSCH IN DER APOKALYPSE DER GEGENWART

Alexander Solschenizyn

Bücher sind lautlose Boten. Oft ist der Mund des Schreibers in seiner Umwelt zum Schweigen verurteilt. Die Stummheit keltert das Wort; und unversehens wird für den Leser die Begegnung mit solchen Worten, die auf den Fittichen des Vertrauens in ungewisse Fernen, jedoch zu Menschen, entlassen sind, zu einem Feuertrank. Die Buchstabenhülse zerbricht unter der übermäßigen Schicksalsfracht, und plötzlich trifft dich die Glut eines Leidens, für das es die Begriffs- und Vorstellungsmöglichkeiten erst zu erbilden gilt.

In den dreißiger Jahren während der stalinistischen Säuberung, so wird berichtet, stand die Dichterin Anna Achmatowa 17 Monate lang Tag für Tag in den endlosen Warteschlangen vor dem Leningrader Gefängnis, von der Hoffnung gehalten, den einzigen Sohn zu sehen, bevor er nach Sibirien kam. Einmal geschah es, daß eine Frau, irgendeine, sie erkennt und flüsternd fragt: „Könnten Sie das jemals beschreiben?“ Und sie antwortet: „Ich werde es können". Da huschte etwas wie ein Lächeln über das, was irgendeinmal ihr Gesicht gewesen war. –

Das Wort erhöht das persönliche Leid ins Überpersönliche und macht es dadurch tragbar. Diese Stimmung untermalt das ganze Werk von Alexander Solschenizyn.

Lang sind die Nächte für die Kranken in der Krebsstation eines Krankenhauses im asiatischen Rußland. Da steht wohl einer der Patienten auf, geht hin und her auf dem Gang und sucht ein Gespräch mit der Nachtschwester. Die vom Leben Geprüften erkennen einander rasch. Von der Geißel der Krankheit ist sie bis jetzt verschont, die Schwester; aber auch sie gehört zu dem Heer der Verbannten. Die Tochter starb unterwegs. Der Mann, Flötist an der Leningrader Philharmonie, ist irgendwo in einem unbekannten Lager. Warum? Das weiß niemand. Aber eines Tages, 1935, drangen Menschen ins Haus und befahlen, innerhalb von 24 Stunden die Stadt zu verlassen und nur das mitzunehmen, was die Hände tragen können. Die Tochter saß am Flügel und spielte Mozart. Die Söhne rannten zum Bezirkskomitee des Komsomol um Hilfe. Euch kann geholfen werden, wenn ihr euch sofort von euren Eltern trennt! – Nein, diese Frau kann nicht mehr „Anna Karenina" lesen – aber im heiseren Flüstern zerbricht ein Schrei: „Wer schreibt unsere Geschichte, *unsere*? Erst nach 100 Jahren?"

Die Werke Alexander Solschenizyns, die jetzt nach und nach (übrigens nicht mit seinem Willen) wie stille Boten im Westen erscheinen, tragen alle autobiographischen Charakter. Der 1918 geborene Mathematiker war selbst ein Verurteilter, den am Kriegsende ein abgefangener Brief mit negativen Äußerungen über Stalin von der Front weg für acht Jahre in ein Strafgefangenenlager brachte; er war selbst ein Verbannter und hat die schwere Krankheit am eigenen Leibe erlebt. Verurteilt, verbannt, krank, verfolgt – die kargen Vokabeln werden durch sein Werk so mit dichter, glühender Substanz angefüllt, daß sich diese Erlebnisberichte eines Menschen zum Geschichtswerk einer Epoche ausweiten. Diese Memoiren bannen das Schicksal eines Zeitalters in den schlichtesten Erzählerton. Wer kann sagen, wo die Grenze zwischen Autobiographie, Historie und Roman ist? da die höchste Kunst in der scheinbar absichtslosen Beschreibung nüchterner Begebenheiten besteht, die aber die Regungen des inneren Lebens von vorneherein in das Beobachtungsfeld einbezieht. Es gibt keine einzelnen Helden in diesen Büchern. Vielmehr läßt die Zusammenschau vieler Lebensläufe, die Beschreibung der entgegengesetztesten und doch alle miteinander verflochtenen Individualitäten so etwas wie einen Menschenkosmos erstehen.

Der Stil, in dem diese Werke geschrieben sind, könnte nicht realistischer und sparsamer sein. Hier hat jemand auf dem Schicksalsfeld die Fähigkeit der reinen Wahrnehmung errungen, aus der das übermäßige Leid die Selbstbespiegelung des subjektiven Gefühles hinweggeätzt und sie zum Griffel der Wahrheit gebildet hat. Es entsteht beim Lesen dieser Bücher der eigentümliche Vorgang, daß sich aus der Beschreibung der irdischen Tatsachen, gerade weil sie sich auf die sachliche Feststellung der Fakten beschränkt, ohne den Belag des persönlichen Gefühls, umso klarer die Konturen von Geistern — Dämonen und Engeln — abheben. Aber davon wird nicht gesprochen. Ebenso wie z. B. die Freiheit als Forderung oder Parole in diesen Büchern nicht erscheint, jedoch zuletzt als das edelste Destillat eines äußerlich ganz schimpfierten Lebens im Inneren eines Menschen zutage tritt, der sich lächelnd in Ketten schließen läßt. Menschenleben, von der Gewalt unmenschlicher Schicksale zerbrochen, lassen im Zerbrechen den unzerstörbaren Geistesmenschen sichtbar werden. Das ist das Wunder, das sich lautlos in diesen Büchern vollzieht.

Wie ist das, wenn das Auge Glocken sieht, die im Hin- und Herschwingen Sturm läuten, aber das Ohr hört nichts, weil ein Orkan den Klang davonträgt! „In der gleichen Weise hatte Nershin seit seiner Jugend mit einem seltenen Hörvermögen diesen stummen Alarm vernommen — alle Laute, die von Leben zeugten, Stöhnen, Aufschreie, verzweifelte Rufe,

Jammerschreie von Sterbenden, der von einem beständigen, anhaltenden Wind davongetragen wurde, so daß sie den normalen menschlichen Ohren nicht vernehmbar waren ... während seiner ganzen Jugend tönte für ihn das unhörbare Sturmgeläut."

Leben wir nicht alle heute in dieser gespenstischen Situation? Aber Solschenizyns Bücher sind wie Glokkenklänge, die den Orkan durchdringen.

Als Solschenizyn 1957 die Möglichkeit erhält, sich vor Gericht zu rehabilitieren, liest er den Richtern als Verteidigungsrede seinen erzählenden Bericht vor: „Ein Tag im Leben des Iwan Denissowitsch", jene minuziöse Schilderung der unmenschlichen Praktiken, mit denen Menschen in den stalinistischen Lagern gequält wurden, um sie zu bloßen Nummern zu degradieren. Diese Erzählung wurde in der Sowjetunion gedruckt, obwohl am Schluß das religiöse Bekenntnis eines Sträflings zu lesen ist, das in seiner frommen Inbrunst die wunderweckende Glaubensmacht uralt russischer Heiliger heraufbeschwört. Die Freude, die auf dem abgezehrten Gesicht des Häftlings Aljoschka glänzt, ist echt. Er sehnt sich nicht in das Dornengestrüpp des alltäglichen Lebens zurück. Hat er doch im Lager viel mehr Zeit, an seine Seele zu denken!

Gewiß, den aus solchen Lagern Entkommenen muß das am Stadtrand von Moskau gelegene Forschungsinstitut Mawrino wie ein Paradies erscheinen, obgleich es ein Konzentrationslager ist. Aber hier wird nicht gefoltert und geschlagen, hier muß keiner verhungern oder erfrieren, keinem ist eine Nummer auf Stirn, Brust und Rücken geprägt („denkt an die Offenbarung des Johannes, an die Apokalypse“) – und gleichwohl sind die dort Gefangenen in der Hölle. Aber in ihrem ersten, vornehmsten Kreis, den Dante in seinem 4. Gesang der Göttlichen Komödie beschreibt. Denn der Staatssicherheitsdienst braucht kluge Köpfe, braucht Wissenschaftler, die hochkomplizierte Apparate erfinden. Solche z. B., mit deren Hilfe man die Stimme eines Menschen aus jedem beliebigen Telefon identifizieren kann. Andere wieder, sogenannte „Sprachzerstückler“, die das Gegenteil bewirken; die also dem Diktator ermöglichen zu telefonieren, ohne daß er je abgehört werden kann. Und so trifft sich in diesem zum Laboratorium getarnten Lager eine Elite der Wissenschaft –in Sträflingskleidern, vom Schein der Humanitas umgeben. Immerhin ist es erlaubt, einmal im Jahr die eigene Frau zu sehen, unter Aufsicht, für eine halbe Stunde. Auf diese Weise können die langen Jahre der Haft dem Staate nutzbringend sein.

Welche Verlockung gar, sich die Freiheit durch irgend eine geniale Erfindung zu verdienen! Aber sehr merkwürdig zeigen sich zuweilen diese Gefangenen! Man sollte doch z. B. meinen, daß der Häftling Gerassimowitsch froh und dankbar wäre, wenn man ihm die Chance gäbe, seine zehnjährige Gefangenschaft zu verkürzen, zumal seine Frau ihn hat wissen lassen, daß sie die Schikanen des Lebens einer Geächteten in der zivilen Welt nicht mehr erträgt. Für ihn als hervorragenden Optiker muß es ja eine Kleinigkeit sein, einen Nacht-Fotoapparat mit ultraroten Strahlen zu entwickeln, oder einen winzig kleinen Spion, den man in jede Türklinke einbauen könnte. Sage ja — und du kehrst heim! Aber der, der da mit überirdischer Wunscherfüllung lockt, er kann ja wohl keine unsterbliche Seele haben, „wie sie von den Häftlingen in ihrer endlosen Gefangenschaft erworben wurde". Und so geschieht das Unvorstellbare, daß Gerassimowitsch ablehnt. Er ist kein Menschenfänger, „es genügt, daß man uns eingesperrt hat".

Wer will hier fragen, ob es das Irrationale, die Dimension des Geistigen gibt? Die in der östlichen Welt wirkenden Dämonen, die den Menschen durch Gewalt des eigenen Willens berauben, können nur, so sagt Rudolf Steiner, überwunden werden durch individuelle Willensentscheidungen, die aus der Menschenliebe hervorgehen (Vortrag vom 1. IV. 21). Das Gewicht solch einer einzigen Entscheidung wiegt zahllose Untaten auf.

Jedoch nicht alle der im „Institut" Lebenden sind Häftlinge. Da gibt es die Vielzahl der Angestellten, Aufseher, Beamten bis zu hohen Funktionären, die abends nach Hause fahren dürfen. Aber sind sie deswegen — frei? Mit unheimlicher Präzision schildert Solschenizyn das böse Gespenst der Angst, das in jedem hockt. Das eigentliche Gefängnis, das in diesem Roman geschildert wird, trägt den Namen: Furcht. Und seine Mauern umschließen die Seelen derer, die unbewacht durch die Straßen Moskaus gehen, fester als diejenigen, die sich in Fesseln die Seele zum blanken Stahl der Freiheit geschmiedet haben.

Wer nichts mehr zu verlieren hat und nichts mehr wünscht, was sollte der fürchten? Er lebt auf einem neuen Stern. So nur ist die wachsende Heiterkeit zu verstehen, die einige der Preisgegebenen mit dem Schutz der Unangreifbarkeit umglänzt. Auch der Häftling Nershin könnte sein Los mildern, wenn er willens wäre, seinen verhältnismäßig harmlosen Arbeitsplatz, der ihm die Muße eigenen Nachdenkens gewährt, mit einer gezielteren Aufgabe zu vertauschen. Aber 14 Stunden am Tage rechnen? Wofür? Daß ein verfluchtes Instrument erdacht wird? Und seine Seele trocknet aus! Keine Zeit mehr, um über das Leben nachzudenken! Fassungslos und entsetzt starrt der Funktionär in die Augen dessen, der „nein" sagt. „Ein kleiner, blauer Kreis mit einer schwarzen, runden Mitte — und dahinter die ganze überraschende Welt eines menschlichen Individuums." Dieses Kapitel trägt die Überschrift: „Die Rosenkreuzer".

Auch der verhärmten, abgehetzten Frau Nershins entgeht in den kurzen Minuten des beaufsichtigten Wiedersehens die seltsame Veränderung ihres Mannes nicht. Ist er denn gar nicht unglücklich? Irgend etwas hat ihn in einen ihr noch unzugänglichen Bewußtseinszustand verklärt. Nichts hatte er früher mehr gefürchtet als in den Schlamm eines alltäglichen Lebens zu versinken. „Im Meer ertrinkt man nicht, nur in der Pfütze.“ Wie sollte er erklären, daß sein eingezwängtes, jeder Willkür unterworfenes Leben dennoch kein unglückliches war! Daß er hier das Medium gefunden hatte, darin sich sein Ich erproben und erhärten konnte! Nirgends vermochte er das menschliche Leben, die Wechselbeziehungen zwischen Gut und Böse besser zu erlernen als im Gefängnis. Erst in der absoluten Einsamkeit der Menschenhölle, da auch jeder Mitgefangene ein Spitzel sein kann, fand er den Grund seiner Entelechie, unverbrennlich wie Asbest: die Treue zu sich selbst.

Aber all das ist mehr zwischen den Zeilen zu lesen. Im Vordergrund tickt das Uhrwerk des Mechanismus von Mawrino, genau darauf abgestimmt, Menschen zu zermalmen. In eiskalter Folgerichtigkeit werden Individualitäten, die sich vom Räderwerk nicht greifen lassen, herausgeschleudert — aus dem ersten Kreis der Hölle zurück in das Grauen der Lager.

Blau-orange gestreift fahren Lieferwagen durch die Straßen von Moskau, mit der Aufschrift: Mjasso

(Fleisch). Ausländische Touristen, die diesen sauberen, fröhlichen Wagen öfters begegnen, notieren sich, daß die Lebensmittelversorgung der Hauptstadt ausgezeichnet sei. Wer kann ahnen, daß ins Innere Menschen hineingeknäult sind, auf die die Taiga wartet, Bergwerk, Hunger, Kälte und Tod? „Auf sie wartete das Allerschlimmste. In ihren Herzen aber war Friede. Sie hatten die Furchtlosigkeit von Menschen gewonnen, die alles, aber auch alles verloren haben — eine Furchtlosigkeit, die schwer zu erringen, dafür aber von Dauer ist."

Man darf das Werk Solschenizyns apokalyptisch nennen. Wenn Apokalypse heißt — das Offenbarwerden des Verborgenen: der Hölle und des Himmels.

Noch intensiver in der inneren Dynamik, noch sparsamer in den Ausdrucksmitteln, den Leser womöglich noch bedrängender — weil allgemein menschlicher — nun das doppelbändige Werk: „Die Krebsstation", vom Autor „mein persönlichstes Buch" genannt.

Wieder wird eine ganze Schicksalslandschaft vor uns sichtbar, eine Vielzahl von Menschen umfassend. Und aufs neue hat man Grund zu staunen, wie in diesem groß angelegten Fresko die einzelnen Figuren mit wenigen Zügen plastisch gestaltet sind und die Kostbarkeit des individuellen Geschicks im Kollektiv auf eine atemberaubende Weise erlebbar wird.

Der Kampf des einzelnen mit der Krankheit! Der hohe Staatsbeamte und Denunziant, der Verbannte, das leichtsinnige Mädchen, der unscheinbare Mitläufer, ja die Ärztin selbst – sie alle, alle haben sich mit der tödlichen Bedrohung auseinanderzusetzen. Der Krebs kennt keine Privilegien! Wie bestehen sie die Angst? Ist man noch eine Persönlichkeit, wenn das große Nivellieren beginnt (noch nicht einmal eine eigene Toilette!)?

Die Krankheit legt die Seele frei, schonungslos. Bist du hohl, egoistisch, furchtsam? All die eingelernten Phrasen und Klischees klingen lächerlich angesichts der unerbittlichen Annäherung des Schicksals. Wie Seifenblasen zerplatzen die Ideologien im Krankensaal, unauffällig und still – bedeutungslos. – Aber ganz neue Fragestellungen tauchen plötzlich auf: Wozu lebt man eigentlich? Was sind sittliche Werte? „Die die wechselseitige Erleuchtung des Menschen zum Ziel haben." Bleibt noch etwas von einem übrig, wenn man stirbt? Die gelassene Würde, mit der Menschen alter Zeiten dem Tod ins Auge blickten!

Auf der Krebsstation wird sichtbar, daß das Heldentum des Menschen nicht in außergewöhnlichen Glanzleistungen besteht. Wem es jedoch gelingt, seine Seele im Mahlstrom des Alltags nicht abnutzen zu lassen, der läßt uns des Helden im Menschen ansichtig werden. Jedes Lächeln, jedes Trostwort wird zum Wunder.

Auch hier zeigt es sich, daß Olég, der ehemalige Strafgefangene und Verbannte der eigentlich Freie ist; den das Schicksal die Weisheit des lebensnotwendigen Verzichts gelehrt hat. Wie beneidenswert erschien ihm vom Krankensaal aus das Leben eines alten Ehepaares in der Verbanntensiedlung! Allem verstanden diese Menschen, die Grund genug zur Bitterkeit gehabt hätten, eine gute Seite abzugewinnen. Nirgendwo war der Sonnenuntergang so überwältigend wie in der Steppe! Welches Glück also, gerade dort zu sein! Und als der ehemalige berühmte Frauenarzt gar noch eine baufällige Lehmhütte erwerben konnte für sich und seine Frau, da war es ein Fest! „Nicht der Grad des Wohlstandes bestimmt das Glück der Menschen, sondern die Beziehung der Herzen zueinander und unsere Einstellung zum Leben. Eines wie das andere liegt in unserer Macht, und das bedeutet: daß der Mensch immer glücklich sein kann, wenn er nur will, und daß niemand ihn daran hindern kann." Das sind jene stillen Gerechten, ohne die das Dorf, die Stadt, das ganze Land nicht leben können, wie es von der einfältigen Bäuerin Matrjona heißt, der Solschenizyn in seinen Kurzgeschichten ein unvergeßliches Denkmal gesetzt hat.

Wie Oleg sich nach seiner Entlassung das Leben langsam neu gewinnt, das ist unbeschreiblich! Der Gang durch die Stadt wird zum zweiten Schöpfungsmorgen. Wochen hat er geträumt vom Anblick eines blühenden Aprikosenbaumes. Aber er will und will sich nicht zeigen. Schließlich zwingt ihn die Müdigkeit und der Hunger, sich in der Altstadt auf der Straße vor einem Teehaus niederzulassen. Langsam schlürft er den Tee. Alles an diesem Morgen, an dem die Sonne dem Heimatlosen selbst zuzulächeln scheint, ist neu und geschenkt. Ein wenig rückt er den Stuhl zur Seite – und gewahrt über der Mauer im Nachbarhof eine durchsichtige, schwebende, rosafarbene Kugel: ein Aprikosenbaum! „Er hatte das Wunder gesucht und gefunden... Oleg begriff: das war der Lohn für seine Geduld. Eile niemals weiter, ehe du dich nicht dort umgesehen hast, wo du bist!“

Es gibt unvergeßliche Kostbarkeiten in diesem Werk. So wenn ein alter Arzt sich nach mühevollem Tagewerk in seinen Stuhl setzt, um in langem, regungslosem Schweigen sein Inneres zu reinigen. Wir müssen uns tagtäglich mit vielerlei beschäftigen. Aber nicht darin besteht der Sinn des Daseins, „sondern nur darin, ob es uns gelingt, ungetrübt, unerschüttert und unentstellt das Bild der Ewigkeit in uns zu bewahren, das jedem mitgegeben ist. Wie das Bild des Mondes in einem ruhevollen Teich.“

Wenn der schweigsame Kulubin vor seinem Tod flüstert, daß er nun gewiß sei, daß in ihm mehr lebe als sein bloßes Ich, etwas Unzerstörbares, Erhabenes, ein Teil des Weltgeistes – ja, dann wird man mit Erschütterung Zeuge eines ungeheuerlichen Weltvorganges: Einerseits erlischt das Christentum als Konfession. Es ist im Grunde der gleiche Vollzug in Ost und West. Gesicherte Glaubensinhalte werden in Frage gestellt, sei es vom Atheismus oder von der modernen Theologie; Dogmen verschwinden. Andererseits aber werden die gültigen Wahrheiten wieder aus dem blutenden Schicksalsgrund herausgelitten.

Der geschundene Menschheitsleib wird sichtbar. Und zugleich erhebt sich daraus der Geist, der überwindet, und nimmt augenblicksweise Auferstehungszüge an.

Das Christentum als Lehre wird vom modernen Intellekt aus dem Bewußtsein hinweggeätzt. Das Christentum als Erfahrung taucht aus dem Seelengrund der Menschheit auf — zur gleichen Zeit! — Müssen wir noch irgend etwas fürchten?

Alexander Solschenizyn

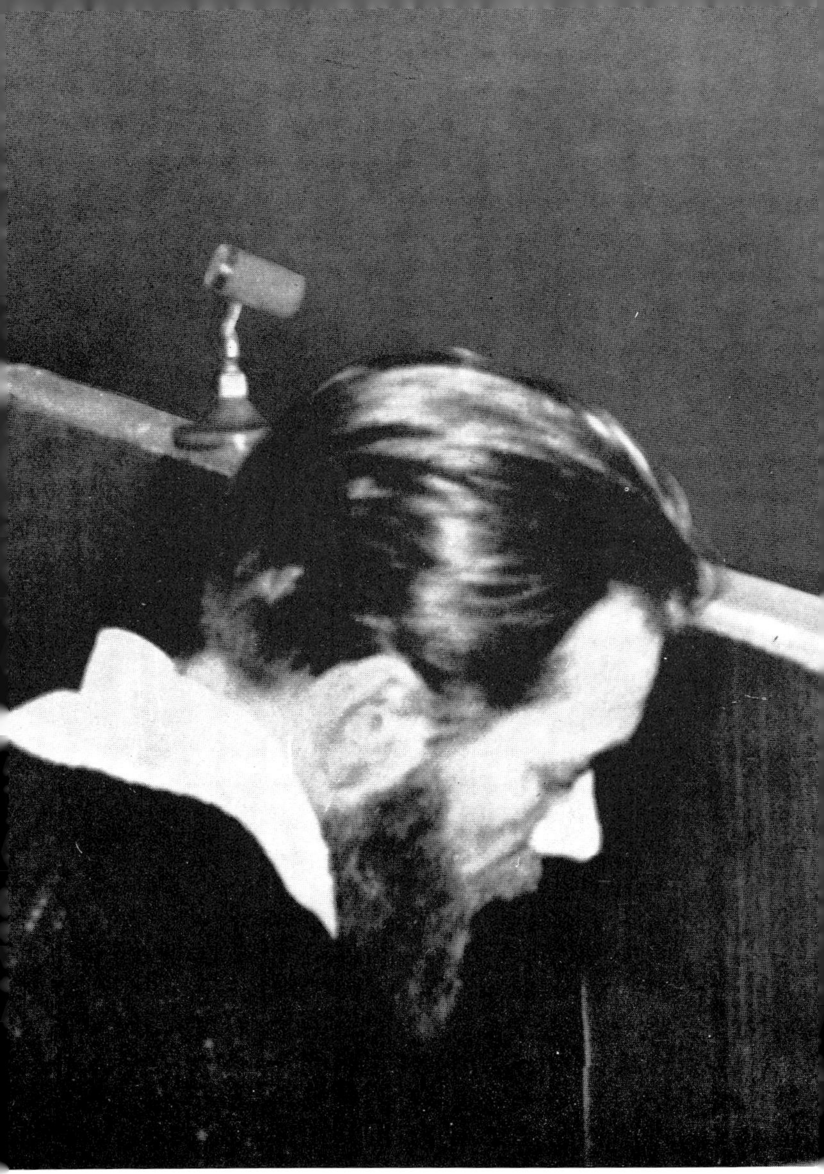

Andrej Sinjawskij

WETTERLEUCHTEN DER WIEDERVERKÖRPERUNGSIDEE

Andrej Sinjawskij (Abram Terz)

„Ich schreibe diese Erzählung so, wie ein Schiffbrüchiger von seinem Unglück berichtet. Einsam auf einem Stück Holz im Meer treibend oder auf einer unwirtlichen Insel sitzend, steckt er einen Brief in eine Flasche und wirft sie in die stürmische See — in der Hoffnung, daß Wellen und Wind die Flasche zu den Menschen tragen, daß sie den Brief lesen und die traurige Wahrheit erfahren werden, wenn der arme Autor schon längst nicht mehr auf der Welt ist.

Wird irgend jemand die Flasche finden, fragt er sich. Wird die derbe Hand eines Matrosen die Flasche am Hals aus dem Wasser ziehen, wird dieser Matrose das Schiffsdeck mit Tränen des Mitleids netzen? Oder wird sie an einem Riff zerschellen?

Meine Aufgabe ist noch komplizierter. Ich habe weder wissenschaftliche noch literarische Erfahrung, aber ich möchte trotzdem, daß mein Werk gedruckt wird und Anerkennung findet. Nur auf diesem Weg kann ich Dich vielleicht erreichen, Wassilij. Ach, Wassilij! Glaub mir, ich will weder Geld noch Ruhm, ich will nur Deine Teilnahme. Ich suche keine anderen Leser außer Dir, obwohl meine Erzählung durch viele Hände gehen wird, bevor sie Dir vielleicht unter die Augen kommt. Aber was soll man machen? Das Meer des Lebens ist unendlich, und die Flasche ist klein winzig, sie muß Tausende von Meilen zurücklegen, bis sie an die richtige Adresse kommt" („Glatteis").

Wer ist das, der so ruft?

„Ich bin anders als die anderen." Andrej Sinjawskij wird 1925 in Moskau geboren, wächst im kommunistischen, antireligiösen Rußland auf — und ist tiefreligiös. Er arbeitet als Wissenschaftler im Gorjkij-Institut für Weltliteratur, gilt als einer der hervorragendsten Kenner der russischen Dichtung, als bedeutender Literaturkritiker der Gegenwart. Sein mit A. Menjschutin zusammen herausgegebenes Werk: „Poesie der ersten Revolutionsjahre" gilt als Standardwerk auf diesem Gebiet. Aber gleichzeitig beschäftigt er sich mit der „Symbolik des Himmels und der Erde in den russischen Ikonen"! Daß er es war, der den Versuch unternahm, die Gedichte von Boris Pasternak in Rußland herauszugeben, ist bezeichnend. Sinjawskijs Einführung dazu empfand der Dichter selbst als so kongenial und geglückt wie keine andere. „Die Vorzüge des Artikels rauben mir eigentlich jede Hoffnung darauf, daß man ihn Ihnen abnehmen wird" (B. Pasternak). Und so war es dann auch.

Die Andersartigkeit seines Wesens spricht sich am deutlichsten aus in seinem hellfühligen Organ für die Mehrschichtigkeit der irdischen Existenz. Daß man in einer Umgebung, die bestrebt ist, die menschliche Seinsweise durch eindeutig bestimmbare Normen auf die Dimension der nur physischen Realität festzulegen, einen Menschen antrifft, der ein nüchternklares Auge besitzt für die Dimension des Unwägbaren, des Seelisch-Geistigen, ist eine zunächst kaum glaubhafte Entdeckung. Aber diese Entdeckung ist dazu angetan, die Überzeugung zu stützen, daß der menschliche Geist ganz unbeirrbar seine eigenen Entwicklungswege geht, unabhängig von Umwelt und Erziehung.

In einer Zeit, in der die Doppelbödigkeit des Lebens immer offenkundiger wird, die Menschen zu Marionetten in der Hand wesenhafter Mächte werden, gehört es zu den unerläßlichen Existenzbedingungen, sich diesen Blick für die Hintergründigkeit des Daseins anzueignen.

Sinjawskij hat recht: „Im Augenblick setze ich meine Hoffnung in eine phantastische Kunst mit Hypothesen statt eines Ziels, eine Kunst, in der das Groteske die realistische Schilderung des Alltagslebens ablösen wird. Sie entspricht dem Geist unserer Zeit am besten. Mögen die übertriebenen, grotesken

Bilder von E. T. A. Hoffmann, Dostojewskij, Goya, Chagall und Majakowskij, der sozialistisch-realistischer war als alle anderen, und die Bilder anderer Realisten und Nicht-Realisten uns lehren, wie man mit Hilfe einer absurden Phantasie wahrhaftig sein kann" („Was ist der sozialistische Realismus?").

Beginnt man, sich mit dem Werk Sinjawskijs zu beschäftigen (soweit es im Westen bekannt geworden ist unter dem Namen Abram Terz), so erlebt man mehr und mehr, wie das kunstvoll gewobene Filigran scharfsinniger Phantastik durchsichtig wird und überall der schwergründige, liebevolle Ernst einer durchschauenden Menschenseele sichtbar wird. Ja, sie sind oft gewagt und bitter, diese klarsichtigen Träume! Aber die groteske Härte legt die Geiststruktur der Wahrheit bloß unter dem Nebel der Illusionen. Und, so seltsam das klingt, diese schonungslose Schärfe offenbart gerade seine Schmerz-Liebe.

Es ist doch so: „Sie haben alles – Flugzeuge, Zeitungen, Rundfunk, Irrenhäuser, Telefon, und wir – wir haben nichts, verstehen Sie doch, gar nichts in Händen. Nur die bloße Einbildungskraft" („Ljubimow").

Aber mit dieser Kraft kann Sinjawskij Welten erschaffen, verzaubern und zugleich enthüllen. Da wird die phantastische Geschichte des Städtchens Ljubimow erzählt, in der es an einem schönen Maientage dem Genossen Tichomírow gelingt, mit Hilfe seiner magischen Willenskräfte die Herrschaft an sich zu reißen. Plötzlich hat keiner der Einwohner mehr einen eigenen Willen, nein, alle wollen nur, was er will — zum Heil der Menschheit, versteht sich! Er kann alles, der Genosse Tichomirow: das Städtchen vor den Augen der Feinde unsichtbar machen, Wasser in Champagner verwandeln; kurzum, das Paradies auf Erden errichten. Aber damit derart Erstaunliches gelingt, verstehst du, „muß der Mensch umgeformt werden. Das alte Bewußtsein muß ausgetrieben werden, ein anderes an seine Stelle treten. Und der erneuerte Mensch schlägt freiwillig den Weg zur Vollkommenheit ein.“ Eben hat die kleine Bäuerin noch gewußt, um was sie den großen Tichomirow bitten wollte: um Stroh fürs Dach. Aber kaum steht sie ihm gegenüber, schaut in seine magischen Augen, da begreift sie sich selbst nicht mehr in ihrer Rückständigkeit. Natürlich kann es nichts Schöneres geben, als auf einem Traktor der Kolchose zu fahren! „Ja, ändert nur euer eigenes Bewußtsein, und wohl bekomm's euch, werdet alle miteinander zu Schräubchen und Rädchen. Aber die Bäume! Die Steine! Die alten Frauen — eure alten Mütter — hört ihr?“

Was gehen für seltsame Dinge in der lieben kleinen Stadt Ljubimow vor! Die Kirchen werden gesperrt! Und das Kloster zerstört! Sollte er doch ein Zauberer sein, der große Tichomirow? Der Antichrist? Alle die Zeichen und Wunder wären nicht möglich, wenn nicht noch andere Wesen mit im Spiel wären. Da ist der alte, längst verstorbene Ssamßón Ssamßónowitsch Proferánßow, der die ganze tolle Geschichte mit eingefädelt hat und im Untergründigen mitschreibt: „Gut, gut, wir schreiben schichtweise gemeinsam ... man darf nicht nur auf einer Ebene graben.“ „Manchmal schreibst du Dinge, daß dich der Schreck übermannt und dir der Füllhalter aus der Hand fällt. Das bin ich nicht! Mein Ehrenwort, ich bins nicht! Aber du liest es durch und siehst: Alles hat seine Richtigkeit, und alles ist so gewesen.“ ...

Sollte da noch ein zweites Ich in uns sein?

Aber zurück zur kleinen Stadt Ljubimow, „die vielleicht noch älter ist als Moskau“, in der sich so große weltumstürzende Ereignisse begeben haben. Eines Tages ist es so wie bei allem Blendwerk des Antichrist: es erlischt, und der Zauber vergeht, und übrig bleibt ein verwüstetes Stückchen Erde. Doch das ist nicht das Letzte. Da ist noch das alte Mütterchen des Genossen Tichomirow, das sich an einem Sommerabend 27 Werst hinschleppt zum Popen Ignat, Gott weiß, wie sie es geschafft hat, so weit! Quark bringt sie mit, in Lappen gewickelt, und 3 Rubel, dafür möge der Pope einen Bittgottesdienst abhalten für die Seele ihres Sohnes.

Dort, am Rande der Welt, wo die Kirche Gottes wie in der Luft hängt, zelebriert der kümmerlich vor sich hinlebende Pope die Messe mit Sorgfalt und Inbrunst. Ja, wenn er zum Himmel ruft, klingt seine Stimme wie eine mächtige Posaune. Was tuts, daß nur drei oder fünf alte Frauen da sind — er hat mit diesem Gottesdienst den Ausgleich wieder herzustellen für alles geschehene Unrecht. Und selbst wenn seine kleine zerbrechliche Kirche allein übrig wäre in der Wüstenei der Gottlosigkeit, so würde er nicht aufhören, mit seinen Gebeten Tag und Nacht für das Heil zu wirken. O, er war ein großer Mensch, der arme, ungelehrte Landpope Ignat!

„‚Vater unser', wehklagte er mit furchterweckender Feierlichkeit, ‚wir sind von Gram erfüllt ob der Verstocktheit derer, die Deine Gesetze mißachten und Deinen Namen und Dein Heiligtum verschmähen. Vater unser, über ihnen waltet Dein Erlöserwille, erbarme Dich der Verwundeten, die in verhängnisvollem Unglauben verharren. Vater unser, schwer sind ihre Sünden, doch stärker ist Deine Gnade ... Vater unser, mache sie rein um der Gläubigen willen, die zu Dir rufen Tag und Nacht. Vater unser, vergib den Eltern um ihrer arglosen Kindlein willen. Vater unser, mit den Tränen ihrer Mütter sühne der Kinder Schuld.' Die Mütter waren zur Stelle" („Ljubimow").

Wie oft hört man von der sterbenden russischen Kirche reden mit gutmütigem, wohl auch bissigem Spott, weil sie nur noch von alten Weibern besucht würde, die sich mühsam vom Fleck bewegen und aussehen wie muffige Pilze. „Warum und für wen sind sie noch vonnöten?“ Dieser Roman ist die Antwort.

Vielleicht ist die Erzählung „Glatteis“ aus den „Phantastischen Geschichten“ das Bewegendste, was von Sinjawskij unter dem Namen Abram Terz veröffentlicht worden ist. Auch hier überrascht die unheimlich präzise Genauigkeit seines vorausschauenden Blickes. Wie sich das Geschilderte im Schicksal des Autors erfüllt! Immer stärker wird der Leser tingiert mit dem Gefühl der Unentrinnbarkeit des Fatums.

„Ich brauchte ja nur von irgend etwas zu sprechen oder an irgend etwas zu denken — und schon fing es an. Das hatte ich schon lange gemerkt. Meine Prophezeiungen trafen vielleicht nur deshalb ein, weil es kein Entrinnen mehr gibt, sobald man alles im voraus weiß.“

Am meisten fesselt der Drang nach Bewußtseinserweiterung in dieser „Phantastischen Geschichte“. Geheimnisvolle Schichten des Inneren werden bei diesem Bemühen freigelegt! Kann man sich auch noch über die Schwelle der Geburt hinaus zurückerinnern? Gibt es eine Präexistenz der Seele? Ja, da begibt man sich allerdings auf „Glatteis“, wenn man auf die Suche geht nach sich selbst und einen plötzlich Gesichter anschauen aus den verschiedenen Jahrhunderten und mit der Attitüde der Vertrautheit, dem Anspruch auf Zugehörigkeit zulächeln! Doch wo sind die Zwischenglieder, die Tod und Wiedergeburt miteinander verbinden? Die unterirdischen Strecken —

oder könnte man sie auch überirdische nennen? — Ein Bild verdichtet sich zu genauen Konturen: Da sieht er sich selbst auf dem Totenbette liegen, in Häubchen und Musselinkleid. Die Kinder stehen verstört herum, und der Mann schluchzt laut. „Und ich selbst war auch dabei, ich beobachtete diese Szene von der Seite und von oben . . ."

Aber gibt es ein durchgängiges Ich in dieser Sturzflut der Erinnerungen? „Ich weiß nicht, von wem dieser Aphorismus stammt: ‚Die Toten werden auferstehen.' Ich bestreite es nicht, sie werden sicher auferstehen. In den Entbindungsanstalten stehen schon jetzt jeden Tag eine ganze Menge Leute auf. Aber erinnern sie sich an sich selbst — an uns — wenn sie auferstehen? Das ist die Frage! Erkennen wir in ihnen, in unseren unbeschwerten Kindern jene wieder, die in früheren Zeiten unsere Frauen und unsere Väter waren? Und wenn sich keiner an den anderen erinnert und keiner den anderen wiedererkennt, dann bleibt alles beim alten, und der Tod trennt uns voneinander durch die Scheidewände des Vergessens. Aber ist diese Vergeßlichkeit unsererseits zulässig?"

Fortan hat dieser seltsame Mensch bei allen Begegnungen nur noch die Perspektive im Auge, die über den Rahmen eines Menschenlebens weit hinausgeht. Die Grenzen unserer Persönlichkeit sind nicht unveränderlich. „Ich glaube, daß irgendeiner in uns sitzt und jedesmal heftig protestiert, wenn man ihn davon überzeugen will, daß er wirklich die Person ist, die er vor sich sieht.“

Das haben immerhin schon viele versucht, den Vorhang, der uns von der Vergangenheit trennt, zu lüften. Wo jedoch trifft man sonst noch die verwegene Kühnheit, sein Ich auch in die Zukunft zu werfen, ja, von der Zukunft her die Gegenwart überhaupt erst anzunehmen? Wie, wenn es uns gar nicht aufgegeben wäre, das ganze Schicksalspensum in dieser Inkarnation zu bewältigen? Wenn es Fortsetzungen, Ausgleiche gäbe? Unter Umständen wären dann die Bemühungen, die noch die Unansehnlichkeit des Anfänglichen tragen, wichtiger — als Keimlegungen für die Zukunft — als die Vollkommenheit des Erreichten. Eine Epoche, die das Zukunftsschicksal der Erde in den Planungsgriff des Menschen gegeben hat, braucht nichts so notwendig wie die Bewußtseinserweiterung im Blick auf die geistige Zukunft der menschlichen Entelechie.

Die Umgestaltung der kranken Gesellschaftsordnungen z. B., nach der gerade die junge Generation in Ost und West so dringend verlangt, ist nicht so sehr eine Sache der Organisation oder Revolution als vielmehr der Stiftung von schöpferischen Gedankenbildern, die — doch wohl in uns selbst — in zukünftigen Jahrhunderten zu Kräften gerinnen, aus denen wir dann die irdischen Ordnungsformen erbilden, die eine menschenwürdige Existenz gewährleisten.

„Wir lassen uns irgendwann in irgendeinem geräumigen, zukünftigen Bürger nieder, und ich möchte meinen, daß wir ihm nicht gleichgültig sind ... Und wenn er an einem stillen Sommerabend am Fenster sitzt, spürt er vielleicht ganz plötzlich ein beunruhigendes Gewimmel in seiner Seele. Allerlei Stimmungen strömen aus seinem Herzen, und phantastische Ideen gehen ihm durch den müden Kopf ... Oh Mensch der Zukunft! Beachte mich! Vergiß nicht, an diesem stillen Sommerabend an mich zu denken. Siehst du – ich lächle dir zu, ich lächle in dir, ich lächle mit dir. Bin ich denn tot? Atme ich nicht noch in jedem Beben deiner Hand? Hier bin ich, hier! Du denkst, ich sei nicht vorhanden? Halt ein! Verstorbene singen in deinem Körper, die Seelen Verstorbener summen in deinen Nerven. Hör zu! Sie summen wie die Bienen im Bienenstock, sie dröhnen wie Telegraphendrähte, die Nachrichten über die ganze Erde verbreiten. Wir waren auch einmal Menschen, wir haben geweint und gelacht wie du. Also vergiß uns nicht, vergiß uns nicht!"

Was heute erst ein dumpfes Gefühl ist – seinen Leib als Grab zu empfinden für etwas, das von weither kommt und weithin geht –, das wird sich unter Schmerzen in dramatischen Seelenkämpfen zur Kristall-Linse eines Bewußtseinsauges für die Zukunft entwickeln.

Aber ist nicht vieles in diesen Schriften allzu absurd? Gewiß; aber was heißt – normal? Wer die Vielschichtigkeit des Daseins erkannt hat, ein Grenzgänger geworden ist, der hat wohl merkwürdige Gesichte.

Die tiefsten, bestürzendsten Einsichten jedoch gewährt uns dieser Russe in seinem Band: „Gedanken hinter Gittern". Da durchbricht der tödliche Ernst die Maske des ironisch blinzelnden Satirikers. Da schlägt uns die Glut eines so bedingungslosen Glaubens entgegen, daß unsere sich mit Halbheiten und Ausflüchten versteckende Religiosität erschrickt. Wie mit einem Meißel in Stein geschlagen sind diese Gedanken. Und als solche unvergänglich.

Wenn der Verfasser jetzt für seine Schritte und seine Kompromißlosigkeit mit siebenjähriger Zwangsarbeit bezahlt, so wissen wir, daß durch solche Opferschicksale die Wirklichkeit wieder hineingeblutet wird in den unheimlichen Mechanismus des schablonierten Seins. Das war zu allen Zeiten und bei allen Völkern so. Aber nur selten wird der Todesmut von solch tiefer Ein-Sicht in die geistige Gesetzmäßigkeit dieses Geschehens begleitet.

„Der Mensch lebt, um zu sterben. Der Tod verleiht dem Leben die inhaltliche Ausrichtung, die Einheit, die Bestimmung. Er ist die logische Schlußfolgerung, zu der man durch den Beweis des Lebens kommt, kein Bruch, sondern ein Akkord, der lange, schon von Geburt an vorbereitet wird. ... Das Ende ist die Krönung des ganzen Werkes. Wir beneiden die Toten unbewußt um ihre Vollendung: Sie haben sich schon aus dem Zwischenstadium herausgeschält, haben einen klar umrissenen Charakter angenommen, haben zu Ende gelebt, haben das Ziel ihrer Verwirklichung erreicht. Daher dieses Interesse für *unser* Ende, das Raten, die Prophezeiungen, das Suchen des letzten Punktes, des entscheidenden Abschnittes. Der Selbstmord zieht uns an und verführt uns, indem er uns ein vorteilhaftes Geschäft verheißt, das uns nach eigener Wahl und eigenem Entschluß ermöglicht, die fehlende Summe zu erlangen und den Empfang zu quittieren. Aber sicherer als diese Quittung ist es, eine verhängte Todesstrafe anzunehmen. Diese gewährt dem Opfer das seltsame Recht, bei der Vollstreckung zugegen zu sein und sich seiner tatsächlichen Bereitschaft und Vollendung bewußt zu werden. Zum Tode Verurteilte wachsen momentan über sich hinaus, und man kann, wenn sie es verstehen, ihre Geistesgegenwart zu bewahren, sich kaum eine bessere Art der Abrechnung vorstellen."

Im Hinblick auf das Schicksal des Dichters kann man solche Worte nur mit angehaltenem Atem lesen. Und versuchen, sich selbst an ihnen zu klären.

Angesichts des wachsenden Atheismus in West und Ost fühlt man zuweilen mit banger Sorge die Frage des Christus im eigenen Herzen: „Doch wenn des Menschen Sohn kommen wird, meinst du, daß er auch werde Glauben finden auf Erden?“ (Luk. 18). Aber solcher Kleinmut wird beschämt durch die fraglose Sicherheit, mit der da einer „hinter Gittern“ von der Gegenwart Gottes in seiner Seele zeugt.

„Glauben muß man nicht aus Tradition, nicht aus Todesfurcht, nicht auf jeden Fall, nicht deswegen, weil irgend jemand es befiehlt und irgend etwas schreckt, nicht aus humanistischen Prinzipien, nicht, um erlöst zu werden und nicht aus Originalität. Glauben muß man aus dem einfachen Grunde, weil Gott existiert.“

OHNMACHT ALS SCHWELLE ZUM ÜBERSINNLICHEN

Eugène Ionesco

Was ist wirklich?

In einer Welt, vollgetürmt mit dem Schutt der Materie, wird die Frage im Menschen immer dringender: Was ist wirklich? Je brutaler uns das Diesseits als die einzige Realität aufgedrängt wird, um so brennender wird in manchen Seelen die Sehnsucht, die Absurdität und Schemenhaftigkeit dieses Gefängnisses zu durchbrechen, das *Sein* wiederzufinden, in dem unser Ich wurzelt.

„... Wenn der Mensch sich nicht mehr um die Probleme der letzten Dinge kümmert, wenn ihn einzig das Geschick einer politischen Nation, die Wirtschaftslage interessiert, wenn die großen metaphysischen Probleme ihn nicht mehr schmerzen, sondern gleichgültig lassen, dann ist die Menschheit herabgewürdigt und wird bestialisch" (Tagebücher II).

Wer sich aufsaugen ließ von der Problematik der Alltäglichkeit – lebt der nicht in der Hölle? Aber in Wahrheit hat der Mensch noch nie ohne den Traum, die Phantasie, die Suche nach dem Paradies leben können, mag sich das zuweilen in noch so bizarre Formen kleiden.

Im gleichen Zeitraum, da Mondlandung, industrielle Revolution uns als säkulare Ereignisse vordemonstriert werden, lebt da ein Mensch, mit seinem ganzen Sein dem Ringen um Bewußtseinsprobleme hingegeben, bemüht, die göttlichen Rätsel zu entziffern. Was ist das Ich? Wo kommt es her? Überdauert es den Tod? Wie ist sein Zusammenhang mit dem Universum? Kann man sich erheben an den Ort seines geistigen Ursprungs?

Dieser mystische Denker ist zugleich leidenschaftlich engagiert an den Geschichtsbewegungen der Menschheit; er sucht nur in den Fakten die Umrisse der Bedeutungen gleichfalls zu erkennen.

Eugène Ionesco, an der Gefangenschaft in den Mauern des bloß materiellen Seins leidend bis an die Grenze der Verzweiflung, schlägt mit der ins äußerste gesteigerten Fragekraft Durchbrüche in diese Mauer und läßt uns dadurch alle der Wirklichkeit des geistigen Seins ansichtig werden. Hier hat jemand die Seelennot zum Meißel umgeschmolzen.

Könnte es sein, daß die Vorgänge, die sich im Inwendigen eines Jahrhunderts abspielen, gewichtiger sind als das nach außen gewendete Gebaren? Erst die Perle, die sich im Innern aus einem Schmerzvorgang erbildet, verleiht der Muschel ihren Wert.

Man meinte, den Dichter des absurden Theaters zu

Eugène Ionesco

kennen, der messerscharf die Brüchigkeit und Unwahrhaftigkeit der bürgerlichen Scheinwelt bloßlegt. Nun sieht man in seinen Tagebüchern das Seelen- und Geistesgefüge eines Menschen von äußerster Sensibilität, dessen innere Sinne seismographisch jede Verwandlung in seiner Umwelt registrieren.

Immer wieder: „Ich bin nicht von hier, ich bin anderswoher, und dieses Anderswo jenseits der Mauer gilt es wieder zu finden."

Das Sich-Fremd-Fühlen auf diesem Planeten!

„Wir sind wie Aschenbrödel, das in Erwartung einer verklärten Welt, in Erwartung einiger Stunden prunkvoller, herrlicher Feste lebt, die übrige Zeit sind wir in Lumpen, in den schmutzigen Hütten der Realität. Als lebte man in einer tiefen Lethargie. Von Zeit zu Zeit erwachen wir für ein paar Augenblicke, dann sinken wir wieder in leeren Schlaf" (Tagebücher II).

Die Daseinsbedingungen, unter denen man lebt, sind unannehmbar, wenn man nicht weiß, wer man ist, woher man kommt, wohin man geht. Wann hat das nur angefangen, daß wir vor dieser Mauer leben müssen, die zwar „unsichtbar, aber nicht durchsichtig ist?" Es gab doch einmal eine Zeit, da man gar keine Fragen stellen mußte, „so augenfällig war die Offenbarung ... Die Welt war voll Sinn, die Erscheinung war genährt vom Geist der Götter, die Welt war dicht ... Von welchem Augenblick an haben sich die

Götter aus der Welt zurückgezogen, haben die Bilder ihre Farbe verloren?" (Tagebücher II).

Immer auf der Suche nach dem Geheimnis der befreienden Geste! Irgendwo im Universum, im Bereich, da sein Wesen urständet, muß man es doch vermissen, muß man es doch suchen!

Da es nur ein loser Schleier des Vergessens ist, der sein Geistbewußtsein verhängt, empfindet Ionesco voller Entsetzen die Anpassung an das nur Hiesige in seiner Umgebung wie einen Abfall vom Mensch-Sein, ein Zurückgleiten in das Tierische. Die unheimlichen Verwandlungen, die mit den Menschen vorgehen, wenn sie dem kollektiven Delirium irgendeines politischen Wahns verfallen! Ist er der letzte Mensch auf einer ungeheuren Insel, inmitten von Wesen, die sich vor seinen Augen zu „Nashörnern" verwandeln? Man muß doch mitmachen, mit der Zeit gehen — etwas Gutes ist auch daran — man darf doch seine Chance nicht verpassen! „Aber ich bleib, was ich bin, ... ich gebe nicht auf." Diese letzten Worte der Selbstbehauptung, mit denen das Spiel „Die Nashörner" aufhört, werden nicht etwa mit der Fanfare des Triumphs hinausgeschmettert — nein, sie werden geflüstert von einem Menschen, der sich seiner Zerbrechlichkeit und Schwäche sehr wohl bewußt ist, den aber ein fast scheues, qualvolles Wissen von den anderen unterscheidet: Das Ich des Menschen deckt sich nicht mit dem Alltags-Ich, wir sind von anderswoher! Und dieses Wissen macht sein Gewissen so empfindlich.

„Ich fühle mich verantwortlich für alles, was passiert."

In seinen Tagebüchern gewährt uns Ionesco Einblick in sein unaufhörliches — fast möchte man sagen — leidenschaftliches Bemühen, in die Mysterien des Ich einzudringen. Wenn ich mich denken kann, dann muß doch noch ein Zweiter in mir sein, der mir zuschaut! Er erlebt sein Inneres als „ein geistiges Schlachtfeld, wobei das wahre Selbst das Ich ist, das dem Selbst der Ereignisse und der Konflikte zuschaut . . . Ich bin jemand, der ein anderes Ich heiß ersehnt." Wie kann das sein, daß man gleichzeitig in sich verwurzelt und von sich abgelöst ist? Handelnder und Zuschauer zugleich? Zeitweise gewinnt dieses Ich-Erlebnis eine solche Dichte, daß sich demgegenüber alle äußere Realität in die Scheinhaftigkeit verflüchtigt. Aber um so drängender werden die Fragen: „Was warst du vorher? Wo warst du vorher?" Und: „Bin ich für immer?" Da lebt ein Mensch, der fast pausenlos die Ränder unsrer Existenz abtastet nach den geistigen Bereichen des Vorgeburtlichen und Nachtodlichen. Wie kann man leben, ohne über die Fragen Klarheit zu haben?

Wenn es wahr ist (wovon man sich doch täglich überzeugen kann), daß der Tod das Ziel unserer irdischen Erscheinung ist, daß wir leben, um zu sterben —

dann ist es menschenunwürdig, sich nicht damit zu beschäftigen.

„Wann werden wir lernen den Tod zu erhoffen, statt ihn zu fürchten? Man müßte sich die Geistesverfassung der Mexikaner aneignen, für die der Tod ein Anlaß zur Freude ist. Die ganze Menschheit sollte in diesem Sinne umerzogen werden. Eine Zivilisation, die alles auf die Existenz, auf das Leben, die Geschichte und die Politik setzt, ist von ganz falschen Voraussetzungen ausgegangen. Weil wir alles auf das Leben gesetzt haben, können wir nicht leben" („Tagebücher" I).

Aber der so spricht, ist nicht etwa ein Mann der Gewißheit, den sichere Überzeugungen mit dem Panzer der Unerschütterlichkeit und Unangreifbarkeit umschließen. Vielmehr ist die ängstliche Frage die Wünschelrute, mit der er ständig neu Wasser aus dem harten Felsgestein des Unerforschlichen zu schlagen sucht. Die Tagebücher bestätigen, daß Ionescos Schauspiele aus einer Gemütsverfassung heraus geschrieben sind, nicht aus einer festgelegten Ideologie. Das erklärt auch, warum seine Stücke wohl Fragen aufreißen, aber keine Antworten vermitteln. Das gerade wollen sie nicht.

„Der Dramatiker stellt Fragen. Die Leute müssen konzentriert in ihrer Einsamkeit darüber nachdenken. Sie müssen sie ganz unbeeinflußt zu beantworten suchen. Eine selbstgefundene Lösung ist unendlich viel mehr wert als eine fixfertige Ideologie, die den Menschen am Denken hindert" („Argumente").

Wichtig allein ist es, die Wunden offenzuhalten, sie nicht verharschen zu lassen. Die offengehaltene Wunde erzeugt Fragekraft, die in die Wirklichkeit des Geistes durchzudringen vermag.

„Der König stirbt." Dieses Stück hat Ionesco geschrieben, „weil ich lernen wollte zu sterben. Es sollte quasi ein Unterricht, eine geistige Übung sein, ein schrittweises Zugehen auf ein unausweichliches Ende, das ich als erlernbar darstellen wollte." ... Aber wie macht er das? Ionesco besitzt die geniale Fähigkeit, die tiefsten Geistinhalte durch die nüchterne Sprache der Unmittelbarkeit in erreichbare Nähe zu rücken. – Jeder Mensch – selbstverständlich – ist ein König, der ein Reich innehat. Und wenn die Lebenskräfte dieses Königs verfallen, verfällt auch sein Reich; und wenn sein Herz anfängt zu zittern, klaffen Risse in den Wänden des Palastes. Alle Menschen seiner Umgebung erweisen sich als zugehörig zu seinem Wesen, sind ein Teil seines Selbst. Nun der Augenblick des großen Schwellenüberganges gekommen ist, nehmen alle im Thronsaal feierlich ihre Plätze ein, „die Zeremonie beginnt".

Das Loslassen ist schwer, wenn man nicht gelernt hat, einverstanden zu sein. Der sterbende König, der sein Stichwort für dieses große Drama des Erdenlebens noch nicht kann, ist zunächst eine etwas jämmerliche Figur. Aber behutsam wird er geleitet von den Gestalt gewordenen Stimmen seiner Hüllen. Vielleicht kehrt man wieder? Diese zaghaft hoffende Frage taucht auch in den Tagebüchern auf, nimmt hier aber den Klang der Gewißheit an.

„Ist es unmöglich, daß es keinen Neubeginn geben sollte? So viele Rollen sind noch zu spielen. Ich werde wieder zum Keim, ich werde wiedergeboren. Ich werde früher anfangen müssen. Ich werde mehr und besser lieben müssen, ich werde tiefer, freier atmen müssen." Der Sterbende lebt in Erinnerungen. Aber kann er sich auch bis dahin zurückerinnern, von wo er kam vor der Geburt? „Du kehrst dahin zurück, wo du vor deiner Geburt gewesen bist." „Los, streng dich an ... Du hast nie nachgedacht!" meint die überlegene, bewußt ihn führende Königin Margarete.

Als der langsam sich seiner Wünsche entledigende König doch immer wieder in Wehleidigkeiten und Schwäche zurückfällt, beruhigt Margarete den besorgt werdenden Arzt: „Seine Umwege, seine Rückwege und Wege sind vorgesehen, stehen im Programm." Ein ungeheurer Satz! Etwas von der erhabenen Götterruhe der Apokalypse spricht daraus, die gelassen, alle Abstürze einbeziehend, doch das Weltenziel schon erschaut.

Dem äußerlich erblindenden König erschließt sich das innere Gesicht. „Ich sehe den Raum. Ich sehe die Zeit." Er wird der Welt ansichtig und seines Wesens darin, wie es sich allmählich in die Elemente zerteilt. „Ich bin der Wind ... ich bin das Feuer." Jetzt darf man sich nicht mehr umschauen. Jetzt muß man sich sammeln und über das eigene Herz beugen. Aber was ist das für eine Welt, die da aufgeht?

„Das Reich aller Reiche ... Wer hat je ein solches Reich gekannt! Zwei Sonnen, zwei Monde und zwei Himmelsgewölbe erleuchten es. Noch eine Sonne geht auf, noch eine. Ein dritter Sternenhimmel erscheint, schießt hoch und breitet sich aus! Während eine Sonne untergeht, gehen andere auf ... Morgenröte und Abenddämmerung zugleich ... Ein Bereich, der größer als alle Meeresbecken ist, größer noch als die Meere, in denen die Meere ertrinken." Noch ist die Schwelle nicht überschritten. Noch klafft hier ein Abgrund, droht da ein heulender Wolf, drängen sich Wesen heran und wollen hindern. (Es sind die gleichen Erfahrungen, die zu allen Zeiten von den Grenzgängern des Seins gemacht worden sind. Man denke nur an das norwegische Traumlied von Olav Åsteson!) Diese Tatsache finden wir auch in Ionescos Tagebüchern vermerkt. „Die Erfahrungen der Mystiker waren über Jahrhunderte und Räume hinweg identisch. Eine einzigartige Intuition."

Sicher leitet ihn Margarete, aus der so etwas wie die Bewußtseinsschicht seiner Entelechie spricht, den Steg über den Abgrund. Dann beginnt das Steigen, das ihn der irdischen Sichtbarkeit enthebt. Der Tod als der erhabenste Augenblick des Lebens – etwas davon ist spürbar in diesem Drama.

Eine Einübung in unser aller Lebensziel, das Sterben, hat Ionesco sein Stück genannt. Man kann sich schwerlich eine großartigere denken. Hat es ihm selbst geholfen, seine Angst zu überwinden? Daß er diese Frage nicht bejahen kann, zeigt nur ein geistiges Gesetz auf! Wie könnte jemand andere lehren, wenn er selber etwas davon hätte! Das war schon der Spott der Juden beim Tod auf Golgatha. Aber „wenn es jemandem helfen könnte, seine Angst zu mindern, sich in sein Schicksal zu ergeben, wäre es für mich eine Freude, eine Erleichterung, eine Rechtfertigung."

Ein Mysterium in der Geist-Entwicklung des Menschen wird uns in der Persönlichkeit von Ionesco sichtbar. – Die Suche nach Erkenntnis des wirklichen Seins führt Menschen im 20. Jahrhundert dicht an die Schwelle der geistigen Welt heran. Es zeigt sich jedoch, daß vor dieser Schwelle ein Abgrund klafft und daß die Berührung mit den Wesen des göttlichen Seins nur möglich ist, wenn zuvor die Abgründigkeit von der Seele durchlebt worden ist.

Was aus Biographien von Menschen bekannt ist, die entweder durch das Schicksal oder durch die Intensität ihres geistigen Ringens an diese Grenze gerissen werden, erfährt seine erkenntnismäßige Beleuchtung durch die Geistesforschung. Ob Rudolf Steiner beschreibt („Von Seelenrätseln"), was Menschen seelisch durchmachen, wenn sie an die gewöhnlichen Erkenntnisgrenzen anstoßen – oder ob er die Erfahrungen schildert, die einem zuteil werden, wenn man anfangsweise die Christuswesenheit in sich selbst erlebt („Wie finde ich den Christus?") – immer ist es das gleiche: Dem Erfassen des geistigen Seins geht das Erlebnis der Ohnmacht voraus. „Keiner, der ehrlich Selbsterkenntnis anstrebt, wird sich anderes heute als Mensch sagen können als: Ich kann das nicht fassen, was ich eigentlich anstrebe ... ich empfinde meine Ohnmacht gegenüber meinem Streben ... Dann, wenn man genügend kräftig diese Ohnmacht empfindet, dann kommt der Umschlag" (16. Oktober 1918).

Gerade, daß Ionesco sich an dieser Schranke der Ohnmacht wieder und wieder stößt, zeugt für die Echtheit und Lauterkeit seiner Geisterfahrung. Nicht, als ob er dieser Bestätigung bedürfe; aber für uns kann es eine Ermutigung sein, im scheinbaren Chaos der Gegenwart die unsichtbaren Säulen eherner Gesetzmäßigkeiten ganz unverletzt anzutreffen.

Was als Mangel und Schwäche angesehen werden könnte: das Leiden an sich selbst, „Gefangener dieser Last, dieser Bürde, die die Bürde meiner selbst ist"; das Unvermögen, die Fragen nach der geistigen Existenz, der Wesenheit des Ich, zu lösen, das Durchleiden der Ohnmacht ist in Wahrheit das Vorfeld für die Begnadung mit dem Geisterlebnis, für das Versetztwerden unter den Licht-Himmel. In seinen Tagebüchern sucht Ionesco ständig neu dieses Erlebnis in Worte zu fassen, das Unsagbare sagbar zu machen.

„Ich war ungefähr 18, als ich mich in einer kleinen Provinzstadt aufhielt. Es war ein herrlicher Tag, so gegen Mittag. Ein Junitag, Anfang Juni. Ich schlenderte an den niedrigen, ganz weißen Häusern der kleinen Stadt entlang. Was dann geschah, war gänzlich unerwartet. Eine urplötzliche Verwandlung der Stadt. Alles wurde gleichzeitig zutiefst wirklich und zutiefst unwirklich. Genau das war es: Unwirklichkeit mit der Wirklichkeit vermengt, beide eng, unauflöslich verquickt. Die Häuser wurden noch weißer und sehr sauber. Etwas ganz Neues, Jungfräuliches kam in dieses Licht, die Welt erschien mir wie unbekannt und doch seit Ewigkeiten bekannt. Eine Welt, die das Licht auflöste und wieder neu schuf. Überschäumende Freude stieg in mir auf, heiß leuchtend auch sie, es war da eine absolute Gegenwart. Ich sagte mir, dies sei die ‚Wahrheit', ohne diese Wahrheit definieren zu können. Hätte ich versucht, sie zu definieren, hätte sie sich fraglos verflüchtigt. Ich sagte mir auch, da dieses Ereignis eingetreten war, da ich dies durchlebt hatte, da ich alles wußte und zugleich nicht wußte, was ich wußte, würde ich nie mehr unglücklich sein, denn ich erfuhr, daß man nicht stirbt. Ich brauchte nur noch an diese Augenblicke zu denken, um jede künftige Sorge und Angst zu besiegen. Ich hatte die Offenbarung des Wesentlichen erlebt, alles übrige war unwesentlich" („Tagebücher" I).

War in vorchristlichen Zeiten die Luft das Medium für die Geisterfahrung, so ist seit dem Mysterium von Golgatha „in das Licht, das uns vom Morgen bis zum Abend umfaßt, eingezogen dasselbe Seelische, das vorher in der Luft war" (R. Steiner, 30. XI. 1919).

Ionesco nennt den Namen des Christus nicht. Aber wenn er nicht müde wird, mit immer neuen Worten diese sich wiederholenden Erlebnisse zu beschreiben, die ihn aus der Gruft des ohnmächtigen Zweifels herausreißen in eine Welt der leuchtenden fraglosen Wirklichkeit, so sind wir gleichwohl in der Aura dieses Wesens, das im Erdenumkreis gegenwärtig lebt. „Dieses Licht ist unser Brot und unser Wein" („Tagebücher" I).

Diese Erfahrungen weisen Ionesco als einen Bürger zweier Welten aus, und es zeigt sich, daß die neue Realität von so blendender, alles überstrahlender Gewißheit ist, daß vor ihr die Ansprüchlichkeiten des Tages wie Politik, Wirtschaft usw. in das Schattenreich der Banalität entfallen.

„Ich erwachte, oder ich wurde geboren, in einer neuen Welt, einer ganz anderen Welt, einer Welt, die nicht nur gewaschen, sondern auch aufgeräumt war. Die Verblüffung war so groß, daß sie jede Furcht vernichtete, und diese Verblüffung war nur ein Echo der

Überfülle, und das Fremdartige verwandelte sich unverzüglich in Vertrautes. Die Welt war neu und vertraut, überraschend, bekannt, wiedererkannt, wiedergefunden. Wie soll ich es sagen? Eine von dieser Bedeutung befreite Welt, wie soll ich es sagen? Eine Art lebendigen Atems, von dem ich ein Teil war.

Das dauert nur ein paar Sekunden, und als ‚das' verschwand, war es, als verlöschte die Welt. Ich fiel wieder zurück in Nacht oder in Dämmerung, ich stieß mich an den Sachen, an den Wänden. Ich war da und versuchte mühsam, die Kerze täglichen Verstehens zu entzünden, deren Licht nur Zwielicht ist. Der Alpdruck dieser Welt begann immer neu" („Tagebücher" II).

Die Geistberührungen lassen in dem Dichter ein grenzenloses Staunen zurück, so daß er meint, gar nicht genug Fassungskraft für soviel Staunen zu haben! Und das Gefühl, daß dem unbändigen Glück dieser Leuchtkraft im irdischen Leben nur eine allumfassende Liebefähigkeit entsprechen könnte.

In der Tat, die geistigen Erfahrungen der Mystiker bleiben sich gleich durch die Jahrhunderte! „Die Erde wird wieder leicht, wie sie es immer den Guten war." Dieses Wort von Novalis zieht einem durch den Sinn, wenn man in den Tagebüchern Ionescos liest, wie das Lichterlebnis verbunden ist mit dem Gefühl der Leichte, daß alle Dinge ihre Schwere verlieren.

„Ich atmete die Luft, und es war, als schluckte ich

Stücke blauen Himmels, die mit ihrer himmlischen Substanz, einem Stoff zwischen Wasser und Luft, meine Lunge, mein Herz, meine Leber und meine Knochen ersetzten, und das machte mich leicht, immer leichter und leichter, so daß das Gehen keine Mühe mehr war. Als ginge ich nicht mehr, als hüpfte und tanzte ich. Ich hätte davonfliegen können, das hing von sehr wenig ab, von einer einfachen Willenskonzentration, von etwas Energie, und ich hätte mich vom Boden erheben können wie im Traum oder wie ehemals" („Tagebücher" II).

Nicht aber, als ob ihn diese Erfahrung aus sich selbst entrückt hätte, viel mehr — und das ist das Erstaunliche — beschenkt sie ihn mit der so schmerzlich ersehnten Gewißheit der Unzerstörbarkeit des Ich. „Daß *ich bin*, ein für allemal, und daß dies eine nicht umkehrbare Sache ist, ein ewiges Wunder", das ist die eigentliche Gnadengabe dieses Geschehens.

Aber wenn es diese geistige Schicht des Seins überhaupt gibt — dann müßte es doch gelingen, sie auch auf eine andere Weise bewußt zu erreichen? Dieser Zustand, „der die Welt in Flammen setzen, verklären, erleuchten kann", ist er nur ein Geschenk der Gnade, oder ist der innere Hebel auffindbar, durch den der bewußt geleitete Wille ihn selbst herbeiführen kann?

Diese Frage steht im Hintergrund des Theaterstükkes „Fußgänger der Luft". Hat Ionesco sein Schauspiel „Der König stirbt“ eine Einübung in das Sterben genannt, so darf man vielleicht „Fußgänger der Luft“ eine Einübung in die Kunst des geistigen Aufschwungs nennen.

Merkwürdig, in dem gleichen Jahrhundert, da die einseitige Faszination durch Raumfahrt und Astronautik manche Menschen mit Sorge und Bedrückung erfüllt, sind bereits die andern da, die der Materialisierung des Kosmos, die spirituelle Einholung des kosmischen Raumes in das Bewußtsein zur Seite stellen. Die Waage schwingt im Gleichmaß!

In dem Schauspiel „Fußgänger der Luft“ stellt Ionesco das „geistige Fliegen“ als eine jedem Menschen zugängliche Fähigkeit dar, bar jeder Euphorie, vielmehr als ein Können, das „Unterscheidungsvermögen, geistigen Mut und hellsichtige Intuition“ erfordert.

Kein anderes Stück macht so deutlich wie dieses, worum es Ionesco geht: die Literatur wieder in den Rang eines geistigen Forschungsunternehmens zu erheben. Nur den Verfall festzustellen, lohnt nicht. Die Beschreibung des Gegenwärtigen ist immer schon überholt. Die Utopien dem Bereich der Technik zu überlassen, ist menschenunwürdig. Der Geist muß Aufschwünge in die Zukunft wagen, Bilder entwerfen, Gedanken probieren, Forschungsflüge in neue Seinsgebiete unternehmen — das allein rechtfertigt heute noch Literatur.

Auf dem Tableau der Menschheitsgeschichte ist es

weit mehr als nur ein interessantes oder gar absurdes Aperçu, daß just in dem Augenblick, da die materielle Weltraumfahrt beginnt, ein Mensch da ist, der daran erinnert, daß der Mensch auch geistig fliegen kann, ja, daß die Fähigkeit dazu uns angeboren ist. . Wir haben nur das Verfahren vergessen! Aber man kann es wieder entdecken: Denn „Fliegen ist dem Menschen ebenso unerläßlich und ebenso natürlich wie Atmen!“

Die Umwelt kann diese Aussage nur mit der profanen Feststellung kommentieren, daß für sie zuerst das Essen und dann das Trinken kommt. Behringer, der Fußgänger der Luft, erkennt jedoch, daß in dieser Selbstbeschränkung gerade das Elend des Menschen wurzelt. „Sie sind unglücklich und wissen es nicht.“ Man muß sich nur an diese dem Menschen angeborene Gabe wieder erinnern! Sonst bringen wir uns noch um alle unsere Fähigkeiten! — Die Voraussetzung dafür? Einzig der Wille! „Ein winziges Versagen der Willenskraft, und das Hinabgleiten beginnt.“ Es gibt auch Hilfsmittel für den Anfänger, um sich von dem Boden zu lösen: die Erinnerung an das Lebensgefühl, das jemand erfüllt, der auf einem Rade über die Erde fährt, das Imaginieren eines Baumes, an dem man hochsteigt — „aber schließlich genügt der bloße Gedanke. . . . Wer will, der kann.“

Wie weit die einzelnen Angaben wörtlich zu nehmen sind, kann ruhig offen gelassen werden. Es ist

Ermutigung genug, daß jemand lebt, dem die Zugehörigkeit zur geistigen Welt Gewißheit ist und die Entwicklung der übersinnlichen Fähigkeiten als lebensnotwendig erscheint.

Mit der Frage nach der geistigen Erneuerung beginnt dieses rätselhafte Schauspiel. Und wenn gleich darauf Behringer aus seinem brennenden Haus heraustritt, dann wird deutlich, wie weitgehend Ionesco sich auskennt in den Gesetzmäßigkeiten des geistigen Lebens, das sich eben ohne „Flammentode" nicht verwirklichen kann.

Immer aufs neue überrascht die kühne Realistik, mit der dieser Dichter schildert, wie unmittelbar benachbart unsere Alltagswelt der geistigen Welt ist. Nicht in der Entrücktheit des besonderen Augenblikkes tauchen die übersinnlichen Wahrnehmungen auf: das Höchste kann neben dem Banalsten erscheinen. Es gibt eben „mehrere Welten, die ineinandergreifen".

Was geht nun in den Menschen vor, die sich der Bewußtseinserweiterung verschließen, die bei dem bleiben wollen, „was sich schickt", bei der Sorge um Eierkuchen und Salat? Ahnen sie, daß die erschütternde Einsamkeit und Angst, unter der sie leiden, zusammenhängt mit dem Haften an der Erde? Die Menschheit im 20. Jahrhundert, herangeführt an die Schwelle der geistigen Welt, hat nur die Wahl, die Wirklichkeit der geistigen Welt anzuerkennen oder über sich selbst das Seelengericht zu verhängen — wie Ionesco es darstellt.

Wie aber kehrt nun der Fußgänger der Luft von seiner Forschungsreise zurück, die ihn an den First des unsichtbaren Daches, „wo Raum und Zeit sich begegnen", geführt hat? Beladen mit den Gewichten unerhörter Ein-Sichten sieht er sich der stupidesten Interesselosigkeit seiner Mitmenschen gegenüber. Er, der den Untergang von Welten erschaut hat, wie „Eiswüsten und Feuerwüsten gegen einander wüten", gefallene Engel — muß erleben, daß seine nur zögernd gestammelten Berichte die Menschen langweilen. „Gehen wir einen Tee trinken!" Ionesco scheut nicht davor zurück, mit einer gewissen Härte und Schonungslosigkeit zu charakterisieren, wie geistige Realitäten an der Betonmauer unserer Seelen abprallen.

Das Schauspiel endet mit einer Frage. Könnte es nicht sein, daß sich die apokalyptischen Gesichte nicht erfüllen, daß sich die Abgründe wieder schließen, „vielleicht werden die Gärten . . . die Gärten . . ."

Man weiß, Ionesco will keine Antworten geben. Die soll der Leser aus eigener Kraft selbst hinzufinden. Er schreibt keine Lehrstücke. Dann ist es doch wohl erlaubt, zu den Abstürzen und Untergängen das Ende der Offenbarung des Johannes hinzuzudenken: wie nach dem Fall Babylons ein neuer Himmel und eine neue Erde erscheint, die goldene Stadt, erbildet aus den geistigen Erreichnissen der Menschenseelen, sich herniedersenkt.

Auf den Straßen dieser Stadt, am Ufer des Lebensstromes, wachsen fruchttragende Bäume, sind Gärten da!

Die Untergänge sind nicht zu umgehen, aber – vielleicht sind es Durchgänge! Und wenn wir das Nichts hinter uns haben, wird „auf der anderen Seite alles wieder aufgebaut und neu hergerichtet".

DIE FRAGE NACH DEM SINN DES LEBENS

Thornton Wilder

„Nicht zu wissen, welchen Sinn unser Leben hat, das ist Elend und Verzweiflung" (Alkestiade).

Die Geschichte eines Schriftstellers, so schrieb Thornton Wilder, sei allemal die Suche nach dem ihm eigenen Stoff, nach dem mythischen Thema sozusagen, das von Anfang an in ihm geruht habe.

Darf man sagen, daß die Suche nach der Sinngebung der menschlichen Existenz, dem Warum unseres Lebens, das große mythische Thema Wilders ist?

Die Biographie dieses bedeutenden Amerikaners, der es beispielhaft verstanden hat, sein persönliches Leben der Neugier der Öffentlichkeit zu entziehen, ist in seine Bücher hineingewirkt. – Sicherlich ist es nicht unwichtig, daß er als Kind kurze Zeit in China lebte und dort, als Sohn fromm puritanischer Eltern, eine Missionsschule besuchte; daß er später für ein Jahr nach Rom ging, um archäologische Studien treiben zu können. Ganz gewiß interessiert es uns, daß er sich 1942 freiwillig zum Kriegsdienst meldete. „Einer der

Vorzüge des Militärdienstes besteht darin, daß man täglich mit Nicht-Künstlern in Kontakt kommt, und das möchte ich jungen amerikanischen Autoren dringend empfehlen.“ Manche wollen wissen, daß Wilder als Pädagoge und Universitätslehrer noch genialer und bewundernswerter sei denn als Schriftsteller. Aber — „was geschieht, ist nicht interessant ...“, was dieser Mensch denkt, ist wichtig und stimmt den Erden-Ton voller.

Der Sinn des Erdenlebens — ist er zu erahnen, wenn man versucht, sich in das Vorgeburtliche zu versetzen, einen Einblick zu erhaschen in die letzte Phase, die eine Seele in der geistigen Welt verbringt vor der Verkörperung im Erdenleib? („Nascuntur Poetae“, Dreiminutenspiel). Oder wenn man innerlich ausprobiert, was der graue Bote möglicherweise zu Mozart gesagt haben könnte, als er ihm den Auftrag zum Requiem überbrachte? Es ist auch nicht ausgeschlossen, sich in das Bewußtsein des Engels zu versetzen, der von Zeit zu Zeit das Wasser bewegt im Teiche Bethesda, damit es heilkräftig wird. Vielleicht wäre von ihm der Sinn des Schicksals zu erfahren?

Entwürfe über Entwürfe (Einakter und Dreiminutenspiele), von der „Leidenschaft für gedrängte Kürze“ des jungen Studenten schnell hingeworfen; und sie alle versuchen — probeweise sozusagen — von den verschiedenen Weltenden her, den Sinn des Lebens zu erhorchen.

Da Wilder, ausgestattet mit einem „planetarischen Bewußtsein“ („our planetary mind!“), dem Menschheitsunternehmen als Ganzem auf der Spur ist, gilt es, auch den Entwicklungszügen des Menschengeistes durch die Jahrhunderte nachzuspüren. Immer wieder fesselt die Antike, das Griechentum. Ist dort Antwort zu finden auf die Frage nach dem Warum?

Die letzte Botschaft der sterbenden Frau von Andros, der edlen Griechin, war, daß alles Leben, das lichte und das dunkle, zu preisen sei. Aber woher die Kraft dazu nehmen? Über die Insel, von der dieses Wort herüberklingt, fallen die Schatten. „Von Griechenland war die Glorie und von Ägypten die Weisheit gewichen, aber mit dem Herannahen der Nacht schienen sie ihre verlorenen Ehren wiederzugewinnen: und das Land, das bald das Heilige genannt werden sollte, ließ in der Dunkelheit seine wundervolle Bürde reifen“ („Die Frau aus Andros“).

Vielleicht, daß man in Rom, der geschichtsträchtigen, ewigen Stadt, das Geheimnis erlernen könnte? Wie ein Rutengänger auf der Suche nach dem Quellwasser schreitet Wilder die Kulturen ab. Grenzfällen des Lebens geht er in seinem römischen Roman „Die Cabala“ nach. Und wer horchte nicht auf bei den Worten des Kardinals: „Wer, der nicht gelitten hat, kann etwas von Literatur verstehen? Wer vermag Religion zu verstehen, wenn er nicht gesündigt hat? Wer versteht die Liebe, wenn er nicht geliebt hat, ohne wiedergeliebt zu werden?“ Das letzte Kapitel dieses Romans trägt die Überschrift: Götterdämmerung. Und als der junge Amerikaner wieder heimfährt, da erscheint ihm in träumender Nacht über dem Meer der Geist Vergils und erteilt ihm die Weisung: „Suche eine Stadt auf, die jung ist“. Beruhigteren Sinnes hört er nun die Maschinen des Schiffes der Neuen Welt entgegenstampfen.

Bei diesem Forschen in der Geistesgeschichte der Menschheit erfährt Wilder ein Wichtigstes: Die Tatsachen des Lebens ändern sich wenig. Aber wie sie erlebt werden, das ändert sich! Das menschliche Bewußtsein bleibt nicht das gleiche im Wandel der Zeiten. Daß es gerade Alkestis ist, die Grenzgängerin zwischen Tod und Leben in Griechenland, an der der Dichter die Verwandlung deutlich macht, zeigt, wie sicher sein geistiger Spürsinn ihn leitet. „Tod, jetzt wirst du etwas lernen!“ ruft Apollo zum Schluß des 1. Aktes der Alkestiade. Jetzt wirst du eine Seele erleben, die sich nicht mehr vor dir fürchtet! Die ihre Identität bewahrt im Reiche der Schatten! Ach, daß der im Dunkel Hausende nichts davon bemerkt, wie alles sich verändert!

Auch der Mensch hat etwas zu lernen: Die Götter thronen nicht mehr in olympischer Höhe, sie sind zu den Menschen herabgestiegen. Hinfort kann man nie wissen, wenn man mit einem einfältigen Ziegenhirten spricht, ob nicht am Ende Apollo in ihm wohnt! Es ist wahr, die Götter haben ihren Himmel bei den Menschen aufgeschlagen. „Die Welt verändert sich, langsam *verändert* sie sich!“ Später wird es im „Achten Schöpfungstag“ heißen: „Wenn wir beschreiben sollten, was die Hölle ist, wäre sie der Ort, wo eine Veränderung nicht zu erhoffen und möglich ist.“

Aber ist nicht doch alles beim alten geblieben? Seit Adams und Kains Zeiten her? Immer aufs neue Verrat und Krieg. Genau dieses scheint das Drama der Menschheitsgeschichte, der Familie Antrobus, beweisen zu wollen („Wir sind noch einmal davon gekommen“). Dieses Stück – eine Art modernes Welttheater – sprengt alle herkömmlichen Formen; will sie sprengen. Es hat keinen eigentlichen Anfang und kein Ende (das Ende ist noch nicht geschrieben); auch ist die Schranke zwischen Schauspielern und Zuschauern aufgehoben. Wir alle sind Mitspieler in diesem Drama des Lebens, hart am Untergang (den wir jedesmal selbst herbeiführen: Hurra, der Herr Antrobus lernt Zahlen und Buchstaben – und das Eis kommt näher!) eines Lebens zusammen mit Moses, Homer und – Kain! „Ich wünschte, es wäre immer noch Krieg, denn es ist leichter, dich zu bekämpfen, als mit dir zu leben ... jetzt steht uns bevor: den Frieden zu sichern, mit dir in unserer Mitte.“ Aber dies zu *erkennen,* sich selbst in der Verantwortung für das ganze Menschengeschlecht zu sehen, ist das nicht wieder ein neuer Schritt im Bewußtsein?

Wie weit ist es noch, bis der Gott in uns ruft: Hölle, jetzt wirst *du* etwas lernen?

Doch auch in einzelnen Lebensläufen geht Wilder dem verborgenen Sinn des Daseins nach. „Die Brücke von San Luis Rey", dieses Buch wurde sofort nach seinem Erscheinen in viele Sprachen übersetzt. Beinah hungrig griffen die Menschen vieler Völker nach dem Werk. Warum? Unter der Oberfläche des Nihilismus lebt eine tiefe Sehnsucht, sich nicht bloß einem sinnlosen Zufall ausgesetzt zu wissen, sondern eine Führung in allem Wirrwarr zu beobachten.

Fünf Menschenleben wurden ausgelöscht, als am 20. Juli 1714 die schönste Brücke in Peru, die geflochtene Hängebrücke von San Luis Rey, zerriß. Warum diese Fünf? Warum gerade in jenem Moment? Schon einmal hatte es jemand unternommen, ein Theologe, Bruder Juniper, die makellose Gerechtigkeit Gottes aus den Abläufen der fünf Biographien herauszudeuten. Es war ihm nicht gelungen. Das äußere Leben dieser Menschen blieb ein Torso. Ihr Tod schien sinnlos. Was Wilder nun, Jahrhunderte später, beginnt, ist ein Nachzeichnen der inneren Biographien, sind Seelengemälde subtilster Art. Aber vor dieser behutsamen Aufmerksamkeit wird offenbar, daß keines dieser Leben verlosch, ehe es nicht in sich selbst vollendet war — für dieses Mal! Die Unbeschütztheit des Lebens, die kalte Einsamkeit des einzelnen, die zum Ersticken dichte Sinnlosigkeit werden

Thornton Wilder

am Firmament des Geistes überwölbt von einem sehenden Auge. Jedoch nicht von außen lenkt die Vorsehung; sie ist nur im Menschen-Inneren selbst aufzuspüren. Wie hieß es in der Alkestiade? „Apollo ist hier (bei den Menschen), aber aufgeteilt auf viele." Menschen fallen in den Abgrund. Aber sie fallen, weil sie reif geworden sind.

Mehrere Jahre zog sich Wilder in die Einsamkeit der Wüste von Arizona zurück, um sein Buch „Der achte Schöpfungstag" zu schreiben. Es gibt Bücher, die man mit Interesse, mit Spannung, wohl auch mit Bewunderung liest. Und dann gibt es einige wenige, die treffen im Innersten. Ist es, weil einem durch die Reife eines weise gewordenen Menschen das Antlitz des Zeitgeistes selber sichtbar wird?

Schwebender Genius über der Erdkugel!

Hier spricht jemand, der sich erhoben hat zu einem umfassenderen Bewußtsein. Merkwürdig, in diesem Werk des Amerikaners, das sich wie ein Roman gibt — und doch nur das Leben, außen und innen, sachlich beschreibt —, finden sich Worte hoher Bewunderung für das russische Volk, dem eine große Bedeutung für die Zukunft der Menschheit zugesprochen wird. Und oftmals schweifen die Gedanken beim Lesen dieses Buches hinüber zum östlichen Kontinent. Was — oder Wer ist am Werk im 20. Jahrhundert und modelliert Menschenschicksale in Ost und West mit der gleichen mächtigen Hand? Ist es in Rußland das Regime, das

Andersdenkende in die Hölle der Zwangslager verbannt, so schildert der Amerikaner die bürgerliche Gesellschaft, die Mitmenschen ausschließt und zum Tode verurteilt. Der Vorgang ist fast noch unheimlicher.

Sind es Ausnahmesituationen, die dieses Buch schildert? Ja — und nein. Was wissen wir schon von den Hintergründen der Menschenschicksale, die uns begegnen? Die Menschen dieser Geschichte fangen an, mit einem zu leben; so deutlich sind sie gestaltet, wie aus dem Stoff, aus dem das Leben selbst formt. Auch hier schlägt ein grausam erscheinendes Schicksal zu und unterwirft die einzelnen schier unmenschlichen Prüfungen. Und sie müssen ihren Weg gehen im Dunkeln, ohne Wissen des Warum. Aber — „was geschieht, ist nicht interessant. — Was also ist interessant, Maria Icaza? — Gott, antwortete sie, wies erst auf ihre Stirn und dann auf seine."

Wie, durch welche Kräfte, meistern diese Menschen ihre Geschicke? Daß sie Schweres erdulden müssen, ist nichts Besonderes. Es zeigt nur, daß sie „gemeint" sind von Gott. Denn wenn Gott einen Menschen liebt, dann darf er das höchste Glück und das tiefste Elend kennenlernen, er soll *alles* kennenlernen.

Durch die Kraft der Hoffnung rettete das Kind Sophia seine Familie vor dem Ruin. Hoffnung als Zuversicht weckende, einfallsreiche Lebenskraft! Dieses sie mit Erfindungsgabe inspirierende Element beflügelte die Schritte des jungen Mädchens Tag für Tag.

„Hoffnung ist eine Gemütsverfassung und ein Wahrnehmungsorgan."

Die Kraft des Glaubens ließ den verfolgten Ashley innerlich überleben. „Glaube ist ein sich stets erweiternder Teich von Klarheit, von Quellen gespeist, die jenseits des Bewußtseinsrandes entspringen." — Ungeheuer sind die Belastungen, denen sich der Glaube in den Zerreißproben des Lebens ausgesetzt sieht. Da kommen in Chile für den Flüchtling die fahlen Nächte, da die Sinnlosigkeit, das graue Nichts die Seele schier auslöschen. Die weise Indianerin sieht die Gefahr und gibt ihm ein roh geschnitztes Kruzifix. Er soll es gut ansehen vor dem Einschlafen und es neben seinen Kopf legen. „Denk an dieses Leiden! Nicht an die Nägel. Die sind nicht wichtig. Es gibt überall Nägel. Aber denk an das Leiden — hier!" Sie deutet auf ihre Stirn. — Ashley hatte keine Alpträume mehr.

So deutlich wie von den übersinnlichen Kräften der Hoffnung und des Glaubens könne man von der Liebe noch nicht reden. „Diese zuletzt erscheinende der drei kommt eben erst hervor ... Es ist möglich, daß wir nach vielen tausend Jahren sie ‚sich klären' sehen werden." Und doch will uns scheinen, daß man im Menschenkosmos dieses Werkes das Saatgut dieser Zukunftskraft bereits ausgestreut findet.

Von den Kräften des Glaubens, der Liebe und der Hoffnung spricht Rudolf Steiner als von Fähigkeiten, die sich erst in der Zukunft entwickeln werden zu Wahrnehmungsorganen höherer Art (2., 3. XII. 1911). Glaube, Liebe, Hoffnung sind nicht nur religiöse Qualitäten, sondern geistige Grundkräfte der menschlichen Individualität. Sie sind zunächst in der Empfindungssphäre in Erscheinung getreten. Die Kinder des achten Schöpfungstages leben bereits die Zukunftsmöglichkeiten dieser Gaben dar als Befähigung zur Neuschöpfung aus dem Nichts.

Die Menschen dieses „Berichtes“ (so nennt Wilder den Roman!) werden Kinder des achten Schöpfungstages genannt. In ihnen werden die Keime der neuen Kräfte sichtbar. Die Schöpfung ist nicht zu Ende. „Der Mensch ist nicht zu Ende; er ist ein Anfang.“ Wir stehen am Beginn der zweiten Schöpfungswoche.

Wem das befremdlich klingt, der lese in den Briefen des Johannes im Neuen Testament nach. „Meine Lieben, wir sind nun Kinder Gottes, und es ist noch nicht erschienen, was wir sein werden“ (1. Joh. 3, 2).

Was ist das für eine Kühnheit ohnegleichen, daß hier ein Mensch es wagt, das 20. Jahrhundert als einen Anfang zu sehen! Dieselbe Epoche, in der das physische Ende des Erdenplaneten in die Nähe gerückt zu sein scheint, erschließt in der Geiststruktur des Menschen eine Schicht des neuen Werdens.

Es besagt nichts, daß es unklar bleibt, ob der Arzt, der in der Neujahrsnacht des anbrechenden 20. Jahrhunderts diese Worte vom achten Schöpfungstag spricht, selber davon überzeugt war. Sind wir nicht alle beauftragt, Botschaften zu übermitteln, die wir selbst garnicht verstehen? Wie die Gefangenen, die an die Wände der Nachbarzellen Klopfzeichen weitergeben, deren Sinn sie nicht erfassen. Wenn sie nur bei denen ankommen, für die sie gemeint waren!

Als ein Kennzeichen der besonderen Eigenart des 20. Jahrhunderts schildert Rudolf Steiner, daß sich in den Menschen mehr und mehr das Empfinden ausbreiten wird, noch nicht fertig zu sein als Mensch; mit dem, was man als inneres Vermögen in sich spürt, noch nicht ganz herauszukommen; daß er die Möglichkeit in sich trägt, neue übersinnliche Wesensglieder zu entwickeln. Ja, es ist wahr; wir sind Kinder des achten Tages; die Schöpfung geht weiter!

Was ist der Sinn unseres Lebens?

Menschen werden vom Schicksal in das Nichts geführt, zum Durchleben des Nullpunktes. Aber es zeigt sich, daß in ihnen Kräfte veranlagt sind, die, zu Fähigkeiten ausgebildet, sie instand setzen, aus dem Nichts heraus eine neue geistige Existenz zu begründen. Aus Geschöpfen werden sie zu Schöpfern.

„Siehe, ich mache alles neu!“ Das setzt aber den Untergang des Alten voraus! — In diesen Untergängen leben wir. Aber auch in den Aufgängen der neuen Schöpfung.

Um nichts Geringeres geht es, als um die Neugeburt, Wiedergeburt oder Wiederkunft Christi. Er wird der Menschen-Sohn genannt, weil der Mensch ihn aus sich gebären muß. „Zu solchen Zeiten stöhnt die Erde“, sagt Wilder. Vielleicht gehören wir alle zum Stammbaum einer großen Menschenfamilie, dazu bestimmt, durch Jahrhunderte hindurch dem kommenden Christus die Lebenshülle zu bereiten?

„Die Bibel ist die Geschichte einer einen Messias in sich tragenden Familie. Aber sie ist nur eine einzige Bibel. Es gibt viele solche Familien, deren Bibeln nicht geschrieben sind.“

Ist das der Sinn unseres Lebens?

Die eigentliche Schicksalsunterweisung erteilt am Schluß dieses Buches der Älteste einer kleinen religiösen Gemeinde indianischer Herkunft. Er deutet auf die Rückseite eines alten Teppichs. Nichts als ein Wirrsal vieler Knoten und zerfranster Fäden! Erst auf der anderen Seite ist das Muster zu sehen. Was wir hier wahrnehmen, sind die Knoten und Fäden des menschlichen Lebens. Die vorbestimmte Zeichnung können wir nur auf einer anderen Seite erkennen.

Auch dieses Buch hat keinen Schluß. Es versucht, einige Möglichkeiten in das Blickfeld des Lesers zu rücken, wie sich der Mensch zu der vorbestimmten Zeichnung seines Lebensteppichs verhält. Manche sehen es so, manche ...

Es leben Menschen in unserem Jahrhundert, in denen sich die geistige Zukunft des Menschenwesens schon darlebt.

Wir können getröstet sein.

DAS GEWAHRWERDEN DES GERINGSTEN BRUDERS

Jerome D. Salinger

Heute gleitet der Besucherstrom unablässig durch die offenen Türen der Wenzelskapelle, einstmals der verborgene Reliquienschrein des Veitsdomes in Prag. Im Vorübergang streift der Blick die Statue des heiligen Wenzel über dem Altar. Ob Menschen die sanfte Gehaltenheit dieses Geistesritters bemerken, der so unendlich behutsam die Lanze trägt — oder sehen das nur die ihm zur Seite gegebenen Engel, deren lächelndes Staunen grade eben von der zarten Hoheit des Jünglings beschwichtigt wird?

Hat man heute noch Denkmöglichkeiten, um zu begreifen, daß die edelsteingeschmückte, bilderverklärte Herrlichkeit dieses Raumes gar nicht für Menschenblicke gedacht war? Ein Abbild des himmlischen Jerusalem hatte Karl IV. in dieser Kapelle erschaffen wollen. Eine Wohnstatt des Heiligen auf Erden, die man am besten mit dem Siegel der Unzugänglichkeit schützte. Und die Menschen waren es zufrieden. Es genügte vollauf, daß es diese Stätte auf Erden gab; unnötig, sie zu betreten. Wenn Gott sie sah, mußten

Menschenaugen sie nicht auch noch betasten. Aber das Leben auf Erden war heller durch ihr Dasein.

Wie, wenn es Heilige im 20. Jahrhundert gäbe, von deren Existenz nur wenige wissen? Ihr Dasein genügt, um das Leben aushaltbar zu machen. Einzelne tragen das Ganze. So wie die Propheten des Alten Testamentes, Pfeilern gleich, durch ihr Gebet das Weltgebäude tragen.

Merkwürdig der Gedanke, daß man ihnen in — Amerika begegnen könnte! Und so ganz anders gewandet, als die herkömmliche Vorstellungsweise sich das ausmalt!

Amerika, dieser rätselvolle Kontinent, von gewaltigen Kräften durchdrungen (rötlich-sprühend erschaut ihn der Geistesforscher!) — wir wollen nicht übersehen, daß dort die Errichtung einer Welt der Maschinen, losgelöst vom Menschen, eine Art Unternatur, am stärksten vorgeschritten ist; einer Welt, die den Menschen immer mehr knechtet, versklavt, ihn schließlich aus den Bereichen des Lebendigen vertreibt und ihn zur Beute außermenschlicher Dämonien werden läßt. Die Weiträumigkeit und unverbrauchte Kraft dieses Kontinentes läßt das noch nicht so aufdringlich zutage treten wie z. B. in Westdeutschland.

Aber — das ist das Ungeheuerliche — der Christus „wird in derselben Sphäre durch sein großes Opfer leben, in der auch Ahriman lebt" (Rudolf Steiner am 19. X. 1924). Es kann das Herz tief anrühren, auf

Jerome D. Salinger

eben genau diese Spuren in den Schriften eines Amerikaners (Jahrgang 1919) zu treffen.

J. D. Salinger, dessen Bücher Millionen-Auflagen in Amerika erreichen, versteht es, sich in seinem persönlichen Lebensbereich zu verhüllen. Die Notwendigkeit, sich einen ungestörten, individuellen Freiheitsraum zu wahren, läßt ihn sogar falsche Angaben über seine Person machen.

Und die Gestalten seiner Kurzgeschichten und Romane? So versteckt, verkleidet in die Schalen der Alltäglichkeit, daß man sie, ein wenig unaufmerksam, fast übersehen kann. Sie sprechen die gleiche schnoddrige Sprache wie alle; leben in den gleichen Mietskasernen wie alle; essen aus den Kühlschränken wie alle; nehmen, wenn sie krank sind, die gleichen Medizinen wie alle. Ja, sie sind intelligent — aber das sind heute auch schon fast alle. Gewiß, die gründliche Kenntnis diffizilster östlicher Weisheit unterscheidet sie von den andern.

Sie leiden entsetzlich an der normalen schal-gewordenen Welt. Aber das tun schließlich auch viele, wenn nicht die meisten Menschen der jungen Generation. Also rebellieren sie? — Nein, das eben tun sie nicht! Sie nehmen die Welt an, wie sie ist. Und das können sie, weil sie einer Kraft fähig sind, deren Namen wir noch nicht nennen wollen.

Holden Caulfield und Franny kennen Seelennot bis an die Grenze des Ausgelöschtseins, und die muß man kennen, muß sich durch sie das Auge einbrennen lassen, das gewahren kann, wer gleichzeitig mit uns diese dämonisierte Welt bewohnt. Es ist so ungewohnt und neu, daß es zunächst fast befremdet: Nicht in den Geisteswelten, sondern in der Sinnessphäre, in der materiellen Erscheinungswelt offenbart sich der Christus. Darum die exakte Beschreibung der äußeren Gegebenheiten, weil sie das Medium sind für das Erschauen dieses Wesens. Nicht die persönliche Gefühlswelt, sondern die objektive Welt des Sinnlich-Sichtbaren ist das Gewand des Christus im michaelischen Zeitalter. „Weil einmal das Geistige aus der menschlich-physischen Materie heraus sich offenbaren soll, neigt heute der Westen in hohem Maße zum Materialismus ... aus dieser Leibeserkenntnis, diesem Materialismus, wird einmal Spiritualismus werden ... So kündigt sich im Westen eine spätere hohe Geisteskultur an, die heute noch in der Materie befangen ist“ (Rudolf Steiner am 8. XI. 20).

Daß Seymour alle Kleider, und seien es die teuersten, irgendwie nicht passen, daß er sie nur lose an sich hängen hat, sagt mehr aus über seine „Heiligkeit“ als die tiefsinnigsten Worte, die aus dem Munde dieses jungen Mannes kommen, der sich wie zufällig grade in einer amerikanischen Inkarnation aufhält.

Oder wie der 15jährige Holden Caulfield, nachdem ihn die einsame Odyssee durch New York an die Verzweiflungsgrenze seiner selbst getrieben hat, im

Regen sitzt und seiner kleinen Schwester im Karussell zuschaut: „Ich war plötzlich so verflucht glücklich. Ich hätte beinah geheult, so verflucht glücklich war ich, falls das jemand interessiert. Einfach weil sie so verdammt nett aussah, während sie dort herumfuhr — in ihrem blauen Mantel und allem. Großer Gott, so was muß man *gesehen* haben“ („Der Fänger im Roggen“).

Noch ein anderes christliches Mysterium wird hier — nicht etwa verkündet, sondern sachlich beschrieben: daß der einzelne Mensch schwerlich den Christus in sich finden kann, da er dem menschlichen Zusammenleben angehört, weil er in dem lebt, was zwischen den Menschen webt. — Seltsam, alle Menschen, vor denen Holden Caulfield davongelaufen war, weil sie ihn anekelten, am Ende — fehlen sie ihm irgendwie!

Nein, sie rebellieren nicht, die jungen Helden Salingers. Warum nicht? Weil sie tatsächlich Christen sind.

„Franny und Zooey“ ist ein Buch der Gespräche. Das erste Gespräch, von dem Jerome Salinger berichtet, findet in einem Restaurant statt. Franny und Lane, zwei Studenten, ein Liebespaar sozusagen, trinken Martinis, rauchen zahllose Zigaretten, essen Schnecken und Froschschenkel-Salat. Franny, das Mädchen, ist sehr schön. Es ist zunächst ein Studentengespräch über Bücher, Professoren, Fußball und Dichter. Aber was ist los mit Franny? Warum sagt sie pausenlos Dinge, die sie eigentlich gar nicht sagen will? Daß die Professoren nur Wissen verabreichen, aber keine Weisheit; daß dieser Dichter im Grund wahnsinnig dumm ist und jener beispiellos eitel? Selbst die nächsten Freunde – ist ihr Gehabe nicht doch schrecklich aufgeblasen und im Grunde ach so fade? Franny ist auf dem besten Wege, durch ihre Kritik – die sogar noch stimmt, das ist das Allerschlimmste! – das harmlos nette Fußball-Wochenende gründlich zu verderben. Der Freund ärgert sich; und als er plötzlich merkt, daß ihre Gedanken gar nicht bei dem sind, was ihr Mund pausenlos hervorsprudelt, wird es auch nicht besser.

Was ist das für ein Büchlein, das in der Handtasche zwischen Lippenstift, Taschentuch, Parfüm usw. ängstlich versteckt gehalten wird? „Aufrichtige Erzählungen eines russischen Pilgers". Das also ist es, was das Herz des jungen Mädchens im Grunde bewegt, während die Gedanken in unerhörter Schnelligkeit lauter kleine scharfe Messer schleudern nach der aufgeblasenen Scheinhaftigkeit der Mitmenschen. Verblüfft hört der Partner: Wie lernt man beten ohne Unterlaß? Das ist Frannys Frage und die des Buches. Mehr noch, die Erfahrung des Pilgers ist bereits die ihre geworden. Wenn man das Gebet „Herr Jesus Christus, erbarme dich meiner" so spricht, daß es mit den Herzschlägen synchronisiert, so wird im Innern des Betenden eine selbsttätige Kraft erzeugt, die seine ganze Persönlichkeit reinigt. – Dieses seltsame Gespräch, unterbrochen von Lane's skeptischen Fragen „Glaubst Du tatsächlich dieses Zeug?", vom Kaffee einschenkenden Kellner, endet damit, daß Franny in Ohnmacht fällt.

Szenerie des zweiten Gesprächs: ein Badezimmer. Zooey, 25 Jahre, Schauspieler, sitzt in der Badewanne und denkt nach über seine Schwester Franny. Diese liegt nebenan auf einer Couch im Wohnzimmer: Nervenzusammenbruch! Die Unterhaltung, die nun, durch einen Vorhang hindurch, zwischen Zooey und seiner Mutter über das Sorgenkind stattfindet, kann man tatsächlich nicht beschreiben. Man lernt hinter der Schnoddrigkeit, der bewußten Brüskierung durch den Ton, eine ganz neue seelische Zartheit und geistige Unmittelbarkeit kennen. Man erfährt z. B. unter anderem, daß für diesen erstaunlichen jungen Mann der Tod keine fürchtenswerte Angelegenheit ist und die Wiederverkörperung selbstverständlich. Ähnlich wie der Held einer anderen Erzählung Salingers, Teddy, sagt: „Sterben — das ist doch weiter nichts, als so rasch wie möglich den Körper verlassen. Meine Güte, das hat doch jeder schon oft getan! Und daß sie sich nicht daran erinnern, bedeutet doch noch lange nicht, daß sie's nicht getan haben." Aber aufpassen muß man, daß man sich möglichst nicht wieder in einem amerikanischen Leib verkörpert; denn der ist ungeeignet zum Meditieren! Sagt Teddy!

Die schüchterne und besorgte Anfrage der Mutter,

ob man denn nicht einen Psychoanalytiker rufen solle, wird vom Schauspieler-Sohn zurückgefeuert, daß die Funken fliegen. „Ruf mir so einen Analytiker, der Erfahrung darin hat, Leute so zurecht zu analysieren, daß sie die Wonnen des Fernsehens, jeden Mittwoch die Neuausgabe von Life, Reisen nach Europa, die H-Bombe, Präsidentenwahlen ... usw., was es sonst noch an glorreichen normalen Wonnen geben mag, normal zu würdigen wissen – also bitte, ruf so einen, und ich schwöre dir, in spätestens einem Jahr ist Franny im Irrenhaus oder ..."

Das wichtigste Gespräch ist jedoch das dritte, das zwischen Bruder und Schwester stattfindet im völlig unaufgeräumten Wohnzimmer; denn die Anstreicher sind in der Wohnung und wollen im nächsten Augenblick auch hier eindringen. Noch deutlicher als in dem ersten Gespräch zwischen Franny und ihrem Freund tritt nun zutage, daß das Mädchen die beiden Hälften seines Welterlebens nicht mehr zusammenkriegt: die Welt ihres Innenlebens, bestimmt durch das pausenlose Jesus-Gebet, und die mit ihrem durchdringenden Verstand überscharf belichtete Umwelt. Die nun folgende Unterredung – in der Substanz höchst subtil, im Ton nüchtern, manchmal fast salopp – ist untermalt von der minuziösen Schilderung des Schauplatzes und der Gestik der Sprechenden bis in jedes Naseputzen hinein. Zooey will seiner Schwester nicht etwa das Gebet ausreden – aber weiß sie denn eigentlich, zu wem sie das Jesus-Gebet spricht? Ist das der wahre Christus oder nicht vielmehr das Bild, das sich ihre Wunschgedanken von ihm träumen? Ein Gemisch aus dem heiligen Franziskus und einigen anderen liebenswerten frommen Gestalten?

„Das Jesus-Gebet hat einen Zweck und nur den einen, die Person, die es spricht, mit Christus-Bewußtsein auszustatten und nicht ein kosiges kleines Herr-ich-danke-dir-daß-ich-nicht-so-bin-wie-die-anderen-Eckchen zu schaffen, wo man sein Stelldichein mit einer klebrigen, anbetungswürdigen göttlichen Persönlichkeit hat, die einen in ihre Arme schließt, von allen Pflichten entbindet und dafür sorgt, daß all der häßliche Weltschmerz und alle Professor Tuppers von dannen gehen und nie mehr zurückkommen." „Oh, Gott, welch ein Geist", sagte er. „Wer sonst etwa hätte den Mund gehalten, als Pilatus um eine Erklärung bat? Salomon bestimmt nicht. Sag nicht, Salomon. Salomon hätte bei dieser Gelegenheit ein paar markige Worte von sich gegeben. Übrigens — was das angeht — Sokrates wahrscheinlich auch. Kritias, oder irgendeiner, hätte es fertig gebracht, Pilatus lang genug beiseite zu nehmen, um ein paar wohlgewählte Worte ins Protokoll zu bekommen. Aber das wichtigste ist, wichtiger als alles andere — wer in der Bibel außer Jesus wußte — wußte —, daß wir das himmlische Königreich in uns tragen, im

Innern, wohin wir nie blicken, weil wir so verflucht dumm und sentimental und phantasielos sind? Man muß eben ein Sohn Gottes sein, um dieses Zeug zu wissen."

Diese lange Rede war wohl dazu angetan, den Spiegel frommen Selbstbetruges zu zertrümmern. Aber Illusionen zerstören ist noch nicht aufbauen. Das weiß auch Zooey, als er die weinende Franny liegen sieht. Was nun folgt, übersteigt die Maße des Gewohnten so sehr, daß auch der Leser sich bereiten muß, für einen Moment die eigenen Schranken zu überschreiten. — Von einem älteren Bruder war des öfteren die Rede, den Franny gar zu gern gesprochen hätte, um seinen Rat zu hören. Aber er ist nicht zu erreichen. Was tut Zooey? Er ruft von einem anderen Platz aus zu Hause an — als der Bruder! Und gibt der völlig verzweifelten Schwester so außerdem die Möglichkeit, ihr Herz über den unmöglichen Zooey zu erleichtern, der ihr so erbarmungslos ihre Sehnsuchtswelt kaputt gemacht hat. Man stelle sich vor: der eine irgendwo an einem Telefon — die andere im frisch gestrichenen Schlafzimmer auf dem mit Zeitungen zugedeckten Bett hockend, inmitten von Farbtöpfen, in der einen Hand den Hörer, in der andern die Zigarette. „Hallo, Süße, wie geht es Dir?" „Danke, gut, aber Du sprichst so erkältet!" ... Im Verlauf des endlosen Telefongespräches kommt es dazu, daß der Bruder ihr eine Szene aus dem eigenen Leben erzählt, einen eigentümlichen Rat, den der älteste Bruder in dieser sonderbaren Familie, der schon verstorbene Seymour, ihm einmal gegeben hat, als er keine Lust mehr hatte, weiterhin aufzutreten, da das Publikum ja doch nur aus lauter Schwachköpfen bestünde. „Spiel für die dicke Frau." Kein Mensch wußte, wer das war. Aber in seiner Vorstellung entstand langsam ein schrecklich klares Bild von ihr: mit Krampfadern behaftet, von früh bis spät Radio hörend, mit der Klatsche nach Fliegen schlagend, und sie hatte Krebs. „Es kann im Sommertheater sein, es kann im Rundfunk sein, es kann im Fernsehen sein, es kann in einem verdammten Broadway-Theater sein, wo das Publikum aus den Elegantesten, Wohlgenährtesten, Sonnengebräuntesten besteht. Aber ich werde Dir ein schreckliches Geheimnis erzählen — hörst Du mir zu? Da unten sitzt keiner, der nicht Seymours dicke Frau wäre. Und das schließt Deinen Professor Tupper ein, Mädchen. Und Dutzende von seinen blöden Vettern. Es gibt nirgendwo irgendeinen, der nicht Seymours dicke Frau wäre. Weißt Du das nicht? Kennst Du dieses verdammte Geheimnis noch nicht? Und weißt Du noch nicht — jetzt paß gut auf —, weißt Du nicht, wer diese dicke Frau in Wirklichkeit ist? — Aber Mädchen, Mädchen. Es ist Christus selber, Christus selber, Mädchen." Vor Freude konnte Franny offenbar nichts anderes tun, als den Hörer festhalten, mit beiden Händen festhalten. Länger als eine halbe Minute war nichts zu hören, kein Wort mehr. Dann: „Ich kann nichts mehr sagen, Mädchen." Und es folgte das Geräusch, mit dem ein Hörer aufgelegt wird. Ist es noch nötig zu sagen, daß Franny von Stund an geheilt ist?

In einer geradezu bestürzenden Weise ist hier der Schritt bemerkt, den der Christus vom Himmel zur Erde hin getan hat. Und in dem Geringsten wird der Bruder gesehen – nicht in sentimentaler Selbstgefälligkeit, sondern in nüchterner Erkenntnis. Der Erdenstaub wird bejaht – nachdem man gründlich an ihm gelitten hat. Man kann nur an ihm ersticken, oder – (nun sei das Wort ausgesprochen) ihn lieben. Weil er das Element ist, in dem der Christus lebt.

Diese jungen Menschen sind keine Rebellen, sie sind Liebende. Wobei Liebe nicht als bloßes Gefühl, sondern als geistige Kraft gemeint ist. Wohl hält Zooey lange Reden; aber sie wollen ja nur das eine: daß seine am Leben krank gewordene Schwester dieses Leben wieder annimmt, ihre mystische Ich-Bezogenheit durchbricht und den Christus dort sucht, wo er ist: bei den Menschen.

„Geradeso wie das außerirdische Christuswesen in dem Menschen Jesus Fleisch angenommen hat, sich mit der physischen Erde verbunden hat, so wird der im 20. Jahrhundert erscheinende Christus nicht in der Sprache der abstrakten Religionsbekenntnisse reden, o nein, sondern er wird in der Sprache des praktischen Lebens reden.“

(Rudolf Steiner am 14. XI. 20)

Ist es so ganz abwegig, bei diesen „glasklar Erleuchteten“, die ein wenig über der Erde tanzen (alle diese Gestalten gehören einer großen Artistenfamilie an!) und sie doch tief ernsthaft zurechtlieben – an den samtenen Ernst des zarten Geistesritters Wenzel zu denken?

Die „Heiligen“ sind da. Und es macht nichts, daß sie verborgen sind.

„... WIE DER BLITZ AUFFLAMMT IM OSTEN UND SCHEINT BIS NACH WESTEN..."

Schlußwort

Ein einzelner Mosaikstein, mag er noch so farbig erglänzen, bleibt immer nur ein Stein. Zusammengefügt aber mit anderen, schafft er ein Bild. Welches Antlitz erscheint, fügt man das Mosaik der Menschen im 20. Jahrhundert zusammen?

Die Wiederkunft Christi geht nicht nur das Schicksal eines einzelnen Menschen an, ist nicht die Glaubenssache einer Konfession und wird schwerlich ein Volk oder eine Rasse bevorzugen. Der Erdenplanet ist sein Offenbarungsraum.

Dieses Wesen geht eigene Wege. Es erzeigt sich sowohl dem Atheisten als auch dem Irren, wie mannigfache Beispiele dartun. – Sein Mantel ist die Lufthülle, die die Erde umkreist. Will man sich anfänglich an das Medium der Wiederkunft Christi herantasten, so muß man versuchen, sein Bewußtsein zu erweitern über die Erde hin.

Die hier geschilderten Menschen sind alle Grenzgänger.

Alexander Block vermochte, am Anfang dieses

Jahrhunderts das Erbrausen des Erdgeistes zu erlauschen. Augenblicksweise wurden ihm die Elemente durchsichtig für den darin waltenden Kyrios. –

Die böse Dunkelgewalt der nationalsozialistischen Zerstörung rief das Genie der Menschenliebe, Janusz Korczak, auf den Plan, der im Erliegen der Dimension des Christlichen gegenüber dem Antichristlichen zum Siege verhalf. –

Immer weniger ist es möglich, die Ereignisse dieses Jahrhunderts nur vom Hiesigen her zu begreifen. Das Geschehen selbst reißt den Schleier weg vor den wirkenden, geistigen Mächten: Dämonen und Engeln. In den Auseinandersetzungen mit Wesen, „die nicht von Fleisch und Blut sind", kann der Mensch seine Freiheit erringen; eine Freiheit, die von jenseits der Todesschwelle sternhaft hereinleuchtet, wie wir es an Alexander Solschenizyn erleben.

Auch dies gehört zur Signatur unseres Jahrhunderts: der Schwund des Christentums im Bereich der Theologie und das Auftauchen der mystischen Tatsachen im Erfahrungsbereich des einzelnen Menschen. –

Angesichts des Schicksals von Andrey Sinjawskij sind Glauben und Unsterblichkeit keine dogmatischen Vokabeln mehr, sondern Ur-Zeichen des höheren Lebens, das sich in Erkenntnissen, wie z. B. dem Reinkarnationsgedanken manifestiert. –

Wir sind in unserem Bewußtsein fixiert durch den

Blick auf die politischen Machtblöcke in Ost und West.

Von Osten her droht der Versuch, den Menschen in das Joch einer Idee zu spannen, Sozialismus zu erzwingen, indem man die Einwilligung der einzelnen freien Persönlichkeit umgeht. — Aber grade im Osten gewahren wir auch den Zugriff des Schicksals, der Menschen in die Kelter unaussprechlicher Schmerzen preßt und im Ringen der Persönlichkeit um den inneren Bestand die gefährdete Ich-Kraft wiederum hereinleidet.

Die Gefährdung soll nicht verkleinert werden. Wenn man jedoch auf der anderen Waagschale das Übermaß des Leidens sieht — eines heilenden Leidens —, kann man sich des Eindrucks nicht erwehren: das Gleichgewicht ist exakt.

Im Westen taucht die andere Gefahr auf: die Versklavung an die Materie. Auch diese Bedrohung, durch die letztlich alles Seelisch-Geistige erstickt würde, muß erkannt werden. Und wiederum sind es einzelne, die durch den Frage-Mut ihrer Gedanken, ihre weise Moralität und kühne Liebe-Kraft den Spiegelbelag durchdringen, so daß die Materie anfangsweise durchsichtig wird für das in ihr wohnende göttliche Wesen. —

Menschen wie Eugène Ionesco zeigen uns, wie sich die Ohnmachtserlebnisse an der Schwelle der geistigen Welt umwandeln lassen zu Augen der höheren

Erkenntnis, die schauen können, was sich hinter dem Vorhang der Sinneswelt verbirgt. –

Und schließlich: Amerika, der Kontinent, in dem die Visionen der Zukunft in naturwissenschaftlicher Hinsicht am weitesten vorangetrieben sind, läßt uns in der Persönlichkeit von Thornton Wilder noch anderer Zukunftsperspektiven ansichtig werden: des Menschen, nicht als Sklaven der ihn überwältigenden Technik, sondern als eines Wesens, begabt mit höheren Fähigkeiten, die ihn zum Schöpfer eines geistigen Bereiches werden lassen. –

Im Zusammenhang mit der Wiederkunft Christi spricht das Matthäusevangelium davon, daß Christus seine Jünger daran erkennen wird, ob sie sich die Fähigkeit errungen haben, in dem geringsten Bruder Ihn zu erkennen. J. D. Salinger läßt uns solcher Jünger, auch außerhalb der Mauern kirchlicher Konventionen, sicher sein.

*

Diese Skizzen wollen nichts anderes, als auf einige Menschen hinweisen, die durch ihr Dasein die Wirklichkeit des Geistes in den Abgründigkeiten des 20. Jahrhunderts zum Erleben bringen.

Zu den verschiedenen Aspekten, unter denen man unser Jahrhundert betrachten mag, läßt sich vielleicht noch dieser hinzufügen – daß es auch das Jahrhundert der Wiederkunft Christi ist, des Menschengottes, der unabhängig von Raum und Zeit, erhaben über völkische und politische Begrenzungen, im Dunkelgewölk des Schicksalsgewebes gegenwärtig ist.

„Aber plötzlich —
wie das Grollen eines Gewitters
und wie das Antlitz Christi am Tage der Wiederkunft
aufersteht
die getretene und gekreuzigte
Schönheit des Menschen."

(J. Galanskow)

Bildnachweise: Ebstorfer Weltkarte: Staatsbibliothek der Stiftung Preußischer Kulturbesitz, Berlin. Alexander Block: Dr. W. Berg-Papendick, Bad Godesberg. Janusz Korczak: Verlag Anton Pustet, München. Alexander Solschenizyn: Team Editorial Services, Rom. Andrej Sinjawskij: Bilderdienst Süddeutscher Verlag, München. Eugène Ionesco: Deutsche Presse-Agentur, Berlin. Thornton Wilder: Ullstein Bilderdienst, Berlin. Jerome D. Salinger: The Associated Press, Frankfurt.